세계시민 교과서

◇ 당신은 언제나 옳습니다. 그대의 삶을 응원합니다. – **라의눈 출판그룹**

초판 1쇄 | 2018년 10월 25일
3쇄 | 2021년 5월 12일

지은이 | 이희용
펴낸이 | 설응도
펴낸곳 | 라의눈

편집주간 | 안은주
영업 · 마케팅 | 민경업
디자인 | 박성진

출판등록 | 2014년 1월 13일(제2019–000228호)
주소 | 서울시 강남구 테헤란로78길 14–12(대치동) 동영빌딩 4층
전화번호 | 02–466–1283
팩스번호 | 02–466–1301
e-mail | 편집 editor@eyeofra.co.kr
경영지원 management@eyeofra.co.kr
영업 · 마케팅 marketing@eyeofra.co.kr

ISBN : 979–11–88726–24–0 03300

이 책은 관훈클럽 신영연구기금의 도움을 받아 저술 · 출판되었습니다.

재미있는 다문화 역사에서
한류스타 BTS까지,
이희용 기자의 글로벌 다문화 리포트

세계시민 교과서

본격 글로벌 시대를 앞서가기 위한
지구촌 다문화 인문교양서

이희용 지음

책 머리에

내 어릴 적 별명은 '깜둥이'였습니다. 낯빛이 검은 편이어서 붙은 것인데, 자기 딴에는 존칭을 붙인답시고 나를 '깜씨'나 '깜상'이라고 부르는 친구도 있었습니다. 내 또래에서는 이런 별명을 지닌 아이가 동네마다 학급마다 한 명씩은 꼭 있었던 것으로 기억합니다.

내 별명은 여러 사람의 입에 오르내리는 흑인 유명인이 바뀔 때마다 알리(미국의 권투선수), 쿤타킨테(미국 TV드라마 「뿌리」의 주인공 이름), 아프리카 독재자 아민(우간다)이나 보카사(중앙아프리카공화국) 등으로 변주되기도 했고 국적도 우간다, 콩고, 파푸아뉴기니 등을 넘나들었습니다.

친구들만 나를 놀리는 것이 아니었습니다. 작은누나도 어릴 적 내 마른 몸매와 검은 피부를 두고 "넌 먹기는 많이 먹는데 살로는 가지 않고 멜라닌 색소로만 가는 모양"이라고 우스개를 늘어놓는가 하면 고1 때 불어 선생님은 나를 '아프리카맨'이라고 부르며 수업 시간마다 급우들 앞에 불러내 무안을 주기도 했습니다.

서양 사람처럼 코가 높거나 낯빛이 희다고 놀림 받는 경우는 매우 드물고 오히려 선망의 대상인 적이 많았습니다. 우리가 즐겨 보던 할리우드 영화나 미국 드라마에서는 백인이 늘 멋지게 나오고, 흑인이나 황인종은 대부분 악당이나 미개인으로 등장하니까요.

지금은 모두 정겨운 추억으로 남아 있지만 당시에는 내 피부 빛깔이 창피하게 여겨질 때가 잦았고 나를 놀리는 사람이 밉게 느껴진 적도 많았습니다. 그래도 난 혈통을 의심받을 정도는 아니어서 대부분 웃어넘길 수 있었죠.

그로부터 40~50년이 흐른 지금, 우리 주변에는 정말 살갗이 새까맣거나 생김새도 우리와 확연히 다른 사람이 부쩍 늘어났습니다. 도시는 물론 농어촌에도 외국인이 눈에 많이 뜨이고 초등학교 교실에서도 다문화 자녀를 쉽게 찾아볼 수 있습니다. 이제는 어릴 적 나와 비슷한 아이들이 깜둥이라고 놀림 받을 일이 줄어든 셈이죠.

외국인을 바라보는 인식에도 변화가 일어나고 있습니다. 흑인 혼혈 모델 한현민 군이나 배유진 양의 얘기를 들어 보니 친구들에게 검다고 손가락질 받은 적이 있긴 했지만 이국적이어서 개성 있어 보인다며 부러워하는 친구가 훨씬 많다는군요.

그러나 여전히 이주민, 특히 못사는 나라 출신에 대한 거부감과 편견은 남아 있습니다. 익숙지 못하기 때문이기도 하고 잘못 알려진 탓도 있는 듯

합니다. 짧은 시간 안에 생각을 모두 바꾸긴 어렵겠지만 자주 접하고 제대로 알다 보면 나아질 것이라고 기대합니다. 나이가 적을수록 이주민을 거리낌 없이 대한다고 하니 다행스럽습니다.

우리 주변에서 만날 수 있는 결혼이주여성, 이주노동자, 유학생, 난민 등은 불과 얼마 전 여러 가지 이유로 한국을 떠났던 친척 아저씨와 아주머니, 형, 누나의 다른 모습이기도 합니다.

19세기 말부터 우리 선조들은 굶주림을 면하거나 국권을 되찾기 위해 조국을 등졌고, 21세기에 들어선 지금도 새로운 기회를 찾아 해외로 떠나는 행렬이 이어지고 있습니다. 이제는 가족이나 가까운 친척 · 친구 가운데 재외동포 없는 사람이 아마 없을 겁니다. 이들도 우리나라를 찾은 이주민처럼 낯선 환경, 다른 문화, 서툰 언어 때문에 곤란을 겪었고 차별과 냉대에 시달려야 했습니다.

재외동포는 이주민의 거울이자 다문화 사회가 직면한 문제를 푸는 열쇠입니다. 재외동포의 설움에 공감한다면 이주민의 아픔을 이해하기가 그리 어렵지 않을 겁니다. 재외동포의 네트워크를 적극 활용하고 이주민과 더불어 살아가야만 우리나라가 글로벌 국가로 도약할 수 있고 우리 국민이 세계시민의 소양과 자격을 갖출 수 있다고 봅니다.

이는 통일 시대를 준비하는 길이기도 합니다. 우리나라를 찾은 재외동포의 후손, 즉 조선족과 고려인을 품지 못하면 어떻게 북녘 동포를 껴안을 수 있겠습니까? 또 우리보다 못산다는 이유로 이주민을 차별하고 박대한다면 북한 주민의 신뢰를 얻을 수 있을까요?

이 책은 2016년 5월부터 2년여 동안 매주 연합뉴스에 연재한 칼럼 '이희용의 글로벌시대'를 토대로 한 것입니다. 100여 편의 칼럼 가운데 20여 편을 가려 뽑은 뒤 내용의 일부를 보태거나 덜어내며 손질했고, 10여 편은 책 출간을 위해 새로 썼습니다. 그동안 이 분야를 취재하며 얻은 정보를 박스로 정리하고 만난 사람의 인터뷰도 곁들였습니다.

이주민과 재외동포를 이해하는 데 도움을 주고 다문화 사회와 글로벌 시대에 걸맞은 인식 개선에 보탬이 되고자 책으로 엮을 마음을 먹었으나 막상 세상에 내놓자니 부끄러움이 앞서고 아쉬움이 남습니다.

칼럼이 연재될 때 매주 데스크를 보며 꼼꼼하게 다듬어준 연합뉴스 한민족센터의 정규득 동포다문화부장과 회사 선후배들, 부족한 글을 번듯한 책으로 꾸며준 라의눈 설응도 대표와 서민철 기획위원을 비롯한 편집진, 취재와 인터뷰에 응해준 다문화와 재외동포 분야 관계자들, 내 칼럼을 읽으며 지적과 격려를 아끼지 않은 독자 여러분께 진심으로 감사드립니다. 끝으로 내 삶의 활력소이자 영감의 원천인 아내와 아들딸에게도 고마운 마음을 전합니다.

2018년 10월

이 희 용

차 례

Chapter 01 역사 속 다문화 이야기

Chapter 02 세계 속 다문화 이야기

Chapter 03 한국 속 다문화 이야기

Chapter 04 세계를 누비는 글로벌 코리안

Chapter 05 세계에 한국을 알리는 한류와 공공외교

Chapter

01

역사 속 다문화 이야기

1 최초의 다문화 자녀 단군, 결혼이주여성 1호 허황옥

"옛날에 환인桓因의 아들 환웅桓雄은 천하에 뜻을 두어 인간 세상을 구하기를 탐냈다. 환인은 아들의 뜻을 알고 천부인天符印 3개를 주며 그곳을 다스리도록 했다. 환웅은 무리 3천 명을 이끌고 태백산정太白山頂의 신단수神壇樹 아래로 내려왔으니, 그곳을 신시神市라 불렀다. 풍백風伯, 우사雨師, 운사雲師를 거느리고 곡식, 운명, 질병, 형벌, 선악 등 인간의 360여 가지 일을 주관해 세상을 교화했다.

이때 같은 굴에 살던 호랑이와 곰은 사람이 되게 해달라고 빌었다. 신이 쑥 한 줌과 마늘 20개를 주며 '너희가 이것을 먹고 100일 동안 햇빛을 보지 않으면 사람의 모습을 얻을 것'이라고 했다. 이 말을 충실히 따른 곰은 삼칠일三七日 · 21일 만에 여자로 환생했으나 호랑이는 중간에 포기해 사람이 되는 데 실패했다.

곰에서 사람으로 변한 웅녀熊女는 아기를 갖기를 원했다. 박달나무 아래서 소원을 빌자 환웅이 그와 혼인해 아들 단군왕검檀君王儉을 낳았다. 단군왕검은 중국 요임금 즉위 원년인 기원전 2333년에 평양성에 도읍을 정하고 나라 이름을 조선이라고 칭했다."

위에 인용한 《삼국유사三國遺事》의 한 대목은 우리나라 국민이면 누구나 아는 단군신화다. 대한민국 국민 대부분은 단군의 자손이라고 믿고 있으며, 북한 주민도 예외는 아니다.

그러나 단군신화의 글귀를 자세히 뜯어보면 이는 '착각'임을 알 수 있다. 환웅이 하늘에서 내려오기 전에 이미 이 땅에는 사람이 살고 있었다. 단군은 나라를 연 시조일 뿐, 백성들의 조상은 아니다.

학자들은 환인의 아들 환웅과 곰에서 변신한 웅녀의 결혼을 두고, 천신을 믿는 무리와 곰을 숭배하는 부족의 결합으로 풀이한다. 우리 역사에서 처음으로 다문화가정이 탄생한 것이다. 그 사이에 낳은 단군은 문헌상 최초의 다문화가정 자녀인 셈이다.

고대의 건국 시조들은 출생 과정부터 범상치 않다. 고구려의 주몽, 신라의 박혁거세 · 석탈해 · 김알지, 김수로를 비롯한 가야 6국의 시조 등은 모두 알에서 태어났다. 학자들은 난생설화가 농경문화와 관련이 깊은 것으로 보고 있다. 알은 씨앗이라는 말로도 쓰여 신성함을 뜻한다고 한다. 씨앗을 보관했다가 싹이 트지 않으면 부족의 살길이 막막해지기 때문이다. 알이란 말이 '아리'를 거쳐 '아기'라는 단어로 변했다고 유추하는 학자도 있다.

난생설화는 알이 어디서 비롯됐느냐에 따라 하늘에서 스스로 내려온 '자연천생란적自然天生卵的' 설화와 인간에 의한 '인위인생란적人爲人生卵的' 설화

••• 2017년 10월 3일 단기 4350년 개천절대제전을 앞두고 서울 종로구 사직동 단군성전의 단군상 앞에 제물을 진설하고 있다.(사단법인 현정회 제공)

로 나뉜다. 박혁거세 · 김수로 · 김알지는 전자, 주몽과 석탈해는 후자에 속한다. 전자가 알일 때부터 신성하게 떠받들어져 큰 어려움 없이 왕으로 등극하는 데 반해, 후자는 상서롭지 못하다고 여겨져 내버려졌다가 짐승들의 보살핌 속에 깨어난 뒤 온갖 시련을 딛고 건국 시조가 된다.

학자들은 자연천생란적 설화를 천손天孫신화를 믿는 북방 유목민족과 난생신화를 신봉하는 남방 농경민족의 결합으로 풀이하고 있다. 나뭇가지에 걸린 궤짝의 알에서 태어난 김알지 신화도 여기에 포함되는데, 나무가 하늘을 상징한다고 한다. 주몽 신화는 인위인생란적 설화에 속하지만, 어머니 유화 부인이 천제天帝의 아들 해모수와 가까이했다는 이유로 유폐됐다가 햇빛을 받고 임신했다는 줄거리가 천손족과의 융합을 은유하고 있다. 바다를 건너온 궤짝의 알에서 태어난 석탈해는 전형적인 인위인생란적 설화의 주인공으로 남방계 이주민으로 추정된다.

이 가운데 가야의 개국 왕이자 김해 김씨의 시조인 김수로金首露는 인도 아유타국阿踰陀國의 공주 허황옥許黃玉을 왕비로 맞았다고 《삼국유사》는 기록하고 있다. 허황옥은 우리나라 최초의 결혼이주여성인 셈이다. 이들 부부는 아들 10명과 딸 2명을 낳았고 이 가운데 두 아들에게 어머니의 성(김해 허씨)을 주었다. 그래서 지금도 김해 김씨와 김해 허씨는 혼인하지 않는 전통을 지키고 있다.

아유타국은 인도 북쪽의 아요디야국으로 추정된다. 허황옥이 배에 싣고 왔다는 파사석탑이 경남 김해에 남아 있는데, 우리나라에서는 나지 않고 인도에서 생산되는 돌로 만든 것이라고 한다. 가야는 철을 많이 수출했다는 기록이 있을 정도로 해상 무역이 활발한 나라여서 전혀 신빙성이 없는 얘기는 아니라는 게 중론이다. 다만 당시 선박이나 항해 기술로 보아 인도보다는 중국이나 태국에서 왔을 것이라고 추측하는 학자도 있다.

울산과학기술원UNIST 게놈연구소는 러시아 · 영국 · 독일 등과 공동 조사단을 구성해, 두만강 북부 러시아 동단의 '악마의 문 동굴'에서 발견된 7천 700년 전 동아시아인의 게놈유전체을 슈퍼컴퓨터로 분석해 2017년 2월 결과를 발표했다.

이 동굴은 고구려 · 동부여 · 북옥저가 자리 잡았던 지역으로, 1973년 이곳에서 신석기 시대 인류의 유골이 발견됐다. 이를 분석한 결과, 이들은 오늘날 한국인처럼 갈색 눈과 삽 모양 앞니를 지닌 수렵채취인으로 밝혀졌다. 우유를 소화하지 못하는 유전변이, 고혈압에 약한 유전자, 몸 냄새가 적은 유전자, 마른 귓밥 유전자 등이 인근에 사는 원주민 울치족을 제외하면 한국인과 가장 가깝다고 한다. 모계로만 전해지는 미토콘드리아의 유전자도 한국인이 주로 가진 것과 일치해 모계가 똑같은 것으로 확인됐다.

조사단은 악마 문 동굴인과 아시아 50여 가지 인종의 게놈 변이를 비교해 현대 한국인의 민족 기원과 구성을 계산했다. 그 결과 현대 베트남과 대만에 고립된 원주민의 게놈을 동굴인과 융합할 경우 한국인의 특성에 가장 가깝게 나타났다. 수천 년 동안 북방계와 남방계 아시아인이 뒤섞이면서 한반도의 조상을 형성했음이 드러난 것이다. 이는 난생설화, 그 가운데서도 자연천생란적 설화가 주류를 이룬 고대 건국신화를 과학적으로 입증한 것이기도 하다.

단군신화는 우리 민족 자부심의 상징이지만 더는 우리가 단일민족이라는 믿음의 근거로 쓰여서는 안 된다. 오히려 한민족의 원형이 다문화적 결합을 거쳐 형성됐음을 말해주는 증빙 자료다.

다문화란 무엇인가

우리나라는 삼국 시대에 한민족의 원형이 형성된 뒤로도 꾸준히 이민족과 외래인을 받아들였다가 조선 시대 들어 고립주의 정책을 택하며 비교적 단일민족 국가로서의 순수성을 유지해왔다. 우리나라에 외국인이 급격히 늘어난 것은 1990년대 이후의 일이다. 1960년대부터 1980년대까지 눈부신 경제 성장을 이룬 뒤 세계화 · 개방화 정책을 편 것에 힘입어 외국인 노동자와 결혼이주여성이 쏟아져 들어왔다. 특히 '농촌 총각 장가보내기' 운동이 펼쳐지며 동남아 여성이 한국으로 시집오는 행렬이 줄을 이었다.

국제결혼은 1995년 1만 건을 넘어서고 2005년에 4만3천121건으로 정점을 찍었다. 당시 국내 총 결혼 31만6천375건 가운데 13.6%를 차지했다.

그러나 한국에 적응하지 못하는 결혼이민자가 늘고 사기결혼 피해자가 속출하자 정부가 국제결혼 요건을 강화하고 불법 중개업소를 단속해 증가세가 꺾였다. 2014년 이후로는 매년 2만 건대 초반을 유지하고 있다. 2017년 기준으로 전국의 다문화가정은 31만 가구에 이르며 가구원은 96만 명을 헤아린다. 국제결혼 감소에 따라 다문화가족의 증가율이 둔화하는 대신 결혼이민자의 정착 기간은 길어지고 있다. 학령기에 진입한 다문화가족 자녀도 계속 늘어나 2018년 초 · 중 · 고교 다문화 학생은 전년 대비 11.7%(1만2천825명) 급증한 12만2천212명을 기록했다. 이는 전체 학생의 2.2%로 전년보다 0.3% 포인트 상승했다.

병영에도 다문화 바람이 불고 있다. 예전에는 외모가 뚜렷이 구별되는 다문화가족 자녀는 현역병으로 입영할 수 없었으나 2010년 피부색과 상관없이 똑같이 병역 의무를 지도록 병역법이 개정됐다. 2016년 기준으로 1천여 명이 현역병으로 근무하고 있는데, 2025년을 넘어서면 연평균 8천여 명의 다문화 장정이 군에 입대할 것으로 국방부는 추산하고 있다.

'다문화'의 사전적 뜻풀이는 '한 사회 안에 여러 민족이나 여러 국가의 문화가 혼재하는 것을 이르는 말'이다. 2008년 제정된 다문화가족지원법은 다문화가족을 '대한민국 국적자와 결혼이민자로 이뤄진 가족'이라고 정의해놓았다.

예전에는 국제결혼 가정의 자녀를 '피가 섞인 아이'라는 뜻으로 혼혈아라고 불렀다. '종(種)이 다른 두 동물 사이에서 난 새끼'를 일컫는 '튀기'라는 말로 놀리는 일도 적지 않았다.

이를 안타깝게 여긴 개신교 단체 '하이패밀리'가 2003년 12월 3일 기자회견을 통해, 국제결혼 가족과 혼혈아를 각각 '다문화가족'과 '다문화가족 2세'라고 부르자고 제안했고, 5개월 뒤 하이패밀리가 소속된 건강가정시민연대는 다문화가족 용어 쓰기 캠페인을 펼치고 나섰다.

정부는 2006년 4월 처음으로 '결혼이민자 가족과 사회 통합 지원대책'에서 "사회적 인식 개선을 위해 혼혈인이란 용어의 변경을 추진하겠다"고 선언했다. 그 뒤 정부 부처와 시민사회 등에서 다문화가족이란 용어가 일반화하며 법률 조문으로 자리 잡았다.

이처럼 다문화가족이라는 말은 처음에는 혼혈아 인권을 개선하기 위해 도입된 용어였으나 여전히 차별적 뉘앙스를 풍기고 있다. 일반인 사이에서는 다문화라고 하면 국제결혼 가족뿐만 아니라 외국인 노동자와 유학생 등을 모두 일컫는 말로도 쓰이고 있다. 좁게는 아시아계 결혼이민자 가족을 비하하는 말로도 사용된다.

일각에서는 "이주민과 자녀들을 지원 대상으로 범주화하는 인식이나 정책이 수정돼야 한다"면서 "다문화가족이라는 수사적 표현 대신 '이주민 가족'이라는 중립적 표현을 사용하자"고 주장한다.

다문화 자녀로 구성된 레인보우합창단이 2018 평창 동계올림픽 개막식에서 애국가를 부른 뒤 기념촬영을 하고 있다.(한국다문화센터 제공)

2 페르시아 왕자와 신라 공주의 사랑

7세기 중엽, 서남아시아 일대를 호령하던 사산조 페르시아는 마호메트무함마드가 건설한 이슬람제국에 정복당한다. 페르시아의 마지막 왕자 아비틴은 항복을 거부하고 중국으로 망명한다. 그는 중국의 정치적 혼란기에 목숨을 위협받자 중국 주변국의 왕 마친의 주선으로 신라로 옮겨 간다. 신라 왕 타이후르는 아비틴 일행을 환대한다.

아비틴 일행이 신라로 망명했다는 소식에 분노한 중국의 쿠쉬황제는 신라를 침공했다가 신라와 페르시아 연합군에 패퇴한다. 중국이 신라를 압박하며 마친을 위협하자 아비틴은 신라–페르시아 연합군을 이끌고 원정에 나서 대승을 거둔다. 경주로 개선한 아비틴은 신라 공주 프라랑과 혼인한다.

아비틴은 꿈속에서 "장차 태어날 왕자가 아랍의 폭정자 자하크를 물리치고 복수를 해줄 것"이라는 계시를 받는다. 그는 프라랑과 함께 페르시아로 돌아가던 중 자하크의 공격을 받아 전사하고, 프라랑은 배에서 왕자 파리둔을 낳는다.

프라랑의 보살핌과 신하들의 가르침 속에 자라난 파리둔은 자하크 군대를 물리치고 복수에 성공한다. 타이후르는 아들 가람의 맹활약 덕분에 신라를 침략한 쿠쉬의 군대를 막아내고 중국 땅으로 쳐들어가 수도 호마단까지 점령한다.

이 이야기는 페르시아의 후신인 이란에서 오래전부터 구전으로 내려온 대서사시 '쿠쉬나메Kish-nameh'의 한 대목이다. 2009년 영국 국립도서관에서 필사본이 발견됐고 이듬해부터 이희수 한양대 문화인류학과 교수가 이란 학자들과 함께 이를 번역해 2012년 자신의 저서 《이슬람과 한국문화》에 소개한 데 이어 2014년 역서 《쿠쉬나메》를 펴냈다.

여기에 등장하는 인물들의 음역音譯은 당시 신라의 지명이나 인명과 일치하지 않는 데다 신화와 역사가 뒤섞여 있어 고증이 쉽지 않다. 역사서에는 651년 사산조 페르시아가 멸망하고 마지막 왕자 피루즈가 중국 당나라로 망명했다고 나와 있다. 이듬해 당과 이슬람제국이 국교를 맺자 송환될 위기에 놓인 피루즈 왕자가 기록에서 자취를 감추는데, 그의 새 망명지가 신라일 가능성이 높다는 게 이 교수의 주장이다.

이 교수는 아비틴의 망명 시기가 신라 무열왕 재위 때인 점을 들어 타이후르가 무열왕 김춘추이고 프라랑이 그의 셋째 딸일 것이라고 추정한다. 가람은 문무왕 김법민이고, 중국 군대를 물리친 것은 삼국 통일 후 대당對唐

••• '쿠쉬나메' 이야기를 담은 무용극 「바실라」 포스터와 한글판 책 표지

전쟁의 승리를 일컫는 셈이다.

사료는 빈약하지만 신라와 페르시아가 활발하게 교류했음을 증명하는 유물은 넘쳐난다. 신라 고분에서 쏟아져 나온 유리 제품들은 로마형과 페르시아형이 주종을 이룬다. 경북 칠곡군 송림사 5층 전탑에서 나온 7세기 초 사리 그릇에는 사산조 페르시아에서 유행하던 고리 무늬가 장식돼 있다. 황남대총 북묘의 은제 잔, 계림로에서 출토된 황금 보검, 서역인 얼굴 모습의 괘릉 무인 석상, 아라베스크 무늬의 당초문 등도 유력한 증거물이다.

843년 신라 흥덕왕이 금은 실, 공작 꼬리털, 비취모물총새 털 등을 쓰지 말라는 교시(삼국사기)를 내린 것도 페르시아산 사치품에 열광하는 '명품족'들을 경계한 것이라고 한다.

2016년 5월 이란을 방문한 박근혜 대통령은 "페르시아 왕자와 신라 공주가 사랑을 나눈 이야기가 전해 내려오고 있는데 두 나라가 만들어낼 수 있는 좋은 소재가 될 것 같다"며 두 나라의 오랜 인연을 언급했다.

이미 이희수 교수의 저서에 이어 2015년 1월 '쿠쉬나메'가 동화로 선보였고, 그해 4월부터는 무용극 「바실라」가 경주 세계문화엑스포공원에서 3년 가까이 장기 공연됐다. 바실라Basilla는 '쿠쉬나메'에 등장하는 나라 이름으로 신라를 가리킨다. 울산시는 웹애니툰과 3차원 증강현실 만화책 《아비틴-처용항의 페르시아 왕자》를 제작했다. 처용항은 《삼국유사》에 등장하는 처용이 지금의 울산에 상륙했다는 추정을 근거로 한 지명이다.

동해 용왕의 아들 처용은 9세기 헌강왕 때 신라에 들어왔다고 기록돼 있다. 나쁜 귀신을 쫓는 부적으로 쓰일 정도로 생김새가 특이해, 학계에서는 처용이 페르시아 왕자를 따라온 무인이거나 배를 타고 들어온 아라비아 상인일 것으로 추측한다.

이에 앞서 6세기 고구려 평원왕의 딸 평강공주는 바보 온달과 결혼한 것으로 유명하다. 역사서에 보면 온달은 비루먹은 당나귀처럼 우습게 생겼다고 하는데, 이를 두고 일부 학자는 온달이 우리와는 다른 생김새의 서역인이었을 것으로 추정한다. 중앙아시아의 러시아 자치공화국 투바 일대에서 '온다르'라는 이름을 흔히 볼 수 있다는 점을 들어, 온달이 이 일대의 고대 왕국 소그디아의 왕실 출신일 것이라고 주장하는 연구자도 있다.

3세기부터 6세기까지의 중국은 주변의 이민족들이 여러 왕조를 세웠다가 사라지는 혼란기였다. 이른바 5호16국 시대라고 불리는 위진남북조 시대다. 당시 고구려는 광개토대왕을 전후로 정복 전쟁을 벌여 영토를 넓혀 가던 시기여서 망명객이나 이민자를 적극 받아들이는 다문화 정책을 썼다.

삼국에 불교를 전한 이도 모두 외래인이다. 전진의 순도는 372년 소수림왕 때 불경과 불상을 갖고 고구려에 들어왔다. 384년 침류왕 때 백제에 불교를 전파한 동진의 마라난타는 인도 출신이다. 간다라국에서 태어나 불교를 공부하다가 중국으로 넘어와 포교에 전념한 뒤 백제까지 흘러 들어온 것으로 알려졌다.

신라에는 눌지왕(417~458) 때 고구려에서 들어온 묵호자墨胡子가 처음 불교를 알렸다. 승려의 이름이 '검은 외래인'이라는 뜻인 것으로 미뤄 볼 때 인도인일 가능성이 높다.

3 800년 전 맺어진 사돈의 나라 베트남

베트남 수도 하노이 외곽에는 베트남 최초로 명실상부한 독립 왕국을 이룬 리李 왕조의 사당이 있다. 서기 1009년부터 217년간 이어온 리 왕조의 왕 8명의 위패를 모신 곳으로, 우리나라의 종묘宗廟에 해당한다. 리 왕조를 연 태조 리꽁우언李公蘊 · 이공온은 국호를 대월大越이라 짓고 1010년 도읍을 호아르華閭 · 현 닌빈에서 오늘날 하노이 지역인 탕롱昇龍으로 옮겼다.

리롱뜨엉李龍祥 · 이용상은 리 왕조의 6대 왕 영종의 일곱째 왕자로 태어났다. 형인 7대 왕 고종이 그의 덕망을 높이 사 왕위를 물려주려고 했으나 거듭 사양했다. 조카인 8대 왕 혜종 때 국정이 문란해져, 병권을 쥐고 있던 왕후의 사촌이 왕위를 찬탈하고 1226년 쩐陳 왕조를 세웠다.

새 왕조가 망국 왕족을 모조리 잡아 죽이자 이용상은 중국 송나라를 거쳐 고려의 황해도 옹진반도로 망명했다. 그는 몽골군이 쳐들어오자 마을 사람들을 이끌고 토성을 쌓고 유격 전술을 펼쳐 전공을 세웠다. 고려 고종은 고려 여인과 결혼시킨 뒤 지금의 황해도 금천군 지역인 화산 땅을 식읍으로 내려주고 화산군花山君으로 봉했다. 화산 이씨 족보에는 리 왕조 태조이공온가 시조, 7세인 이용상이 중시조로 기록돼 있다. 현재 화산 이씨는 국내에 1천800여 명 사는 것으로 알려졌다.

그로부터 769년이 흐른 1995년, 화산 이씨 32세이자 이용상의 26대손인 이창근 씨가 선조의 고향 베트남을 찾았다. 베트남전 당시 숙부인 이훈 씨작고가 남베트남월남에서 대대적인 환영을 받았으나 월남 패망 후 교류가 끊겼다가, 1992년 한국–베트남 수교 후 베트남 정부의 초청으로 종친회 간부

••• 한국과 베트남의 우호 협력을 다짐하고자
서울 용산구 이태원동에 조성한 퀴논길의 벽화

들과 함께 방문한 것이다. 이 씨 일행은 도므어이 당서기장을 비롯한 베트남 정관계 고위 인사들의 환대를 받았다. 그 뒤로도 화산 이씨 종친회 간부들이 해마다 리 왕조 태조가 등극한 음력 3월 15일에 맞춰 기념식에 참석하고 있다.

이창근 씨는 한국-베트남 민족문화교류협회를 창설해 양국 간 교류 사업을 펼치다가, IMF 금융위기를 겪으며 사업에 실패하자 2000년 가족과 함께 베트남으로 이주했다. 베트남 정부는 그에게 내국인 지위를 부여하며 각종 세금과 공과금 면제 등 파격적인 혜택을 준 것으로 알려졌다. 베트남 시민권은 2010년 얻었다. 그는 다낭에 공장을 세워 운영하는 한편 한국과의 합작으로 IT정보기술 사업에도 뛰어들었다. 베트남 정부는 2017년 11월 이 씨를 3년 임기의 베트남 관광홍보대사로 임명했다.

2017년 11월 11일부터 12월 3일까지 베트남 호찌민과 경북 경주에서는 '호찌민-경주 세계문화엑스포'가 펼쳐졌다. 개막식에서 문재인 대통령은 영상 축하 메시지를 통해 "안남국의 왕자 리롱뜨엉은 고려에 귀화해 화산 이씨의 시조가 됐다"며 베트남과 한국의 유구한 교류 역사를 상기시켰다. 엑스포 기간 호찌민 오페라하우스에서는 리롱뜨엉 왕자의 이야기를 그린 뮤지컬 「800년의 약속」을 선보였다. 이 작품은 오페라와 무용극으로 꾸며지기도 했다.

고려의 4대 왕 광종은 쌍기의 건의에 따라 958년 과거제를 실시해 호족 세력을 누르고 전국의 인재를 고루 발탁했다. 중국 당나라를 이은 5대의 마지막 왕조 후주後周의 관리이던 쌍기는 사신으로 고려에 왔다가 병이 나 일행과 함께 돌아가지 못했다. 그를 불러 대화해본 뒤 식견에 감탄한 광종은 후주에 사신을 보내 쌍기를 신하로 삼고 싶다고 요청하고 곁에 두었다.

쌍기가 직접 운영을 맡아 시작된 과거제는 1894년 갑오개혁으로 폐지될 때까지 1천 년 가까이 고려와 조선 관료제의 근간이 됐다. 쌍기가 중용되자 아버지 쌍철도 따라 들어와 벼슬을 받았다. 요즘 말로 하면 '초청 이민'인 셈이다.

고려가요 '쌍화점'의 가사를 보면 "만두집에 만두 사러 갔더니 회회아비가 내 손목을 쥐더이다"라는 대목이 있다. 학자들은 그 회회아비가 아라비아인 혹은 위구르인일 것이라고 추정한다.

고려 때 개성의 외항이던 예성강 하구의 벽란도는 중국과 일본은 물론 동남아와 아라비아 상인까지 북적거리는 국제도시였다. 특히 몽골은 중앙아시아를 넘어 동유럽과 중동에 이르는 대제국을 건설하다 보니 몽골 변방의 서역인이 고려에 많이 들어왔다. '쌍화점' 노랫말도 당시의 풍경을 노래한 것이다.

고려는 몽골이 세운 원나라의 부마국이었다. 고려를 통제하기 위해 정략결혼을 시킨 것이다. 고려 후기에 원나라 공주들이 줄이어 결혼이주여성으로 들어와 왕비가 되다 보니 다문화가정 자녀들이 역대 왕으로 등극한다.

시작은 원종의 맏아들 25대 충렬왕이다. 태자 시절 부인과 장성한 아들까지 둔 그는 마흔 살의 나이로 1274년 북경에서 원나라의 제국대장공주와 결혼해 쿠빌라이 황제의 사위가 되고 두 달 뒤 왕위에 오른다. 그 사이에 낳은 혼혈 왕자가 26대 충선왕이다.

충선왕도 원나라 공주와 결혼한다. 그 사이에 왕자를 보지 못하고 몽골 출신 의비 사이에서 낳은 아들이 충숙왕으로 즉위한다. 그 뒤로 충혜왕, 충목왕, 충정왕, 공민왕, 우왕에 이르기까지 모두 혼혈 왕이었다. 몽골계 혈통의 비율을 따지면 충선왕 50%, 충숙왕 75%, 충혜왕 37.5%, 충목왕 68.75%, 충정왕 18.75%, 공민왕 37.5%, 우왕 18.75%다.

제국대장공주의 시종으로 1274년 고려에 들어온 위구르인 삼가는 여러 차례 무공을 세워 벼슬과 봉토를 받고 장순룡으로 개명했다. 덕수 장씨는 그를 시조로 받들고 있다. 함께 수행원으로 왔다가 눌러앉아 인후로 이름을 바꾼 몽골인 홀라타이는 연안 인씨의 시조다.

고려는 글로벌 왕국이자 다문화 국가

우리나라의 영문 국호 '코리아(Korea)'의 어원이 된 고려가 건국된 지 2018년으로 1천100주년을 맞았다. '차이나'는 중국 최초의 통일 왕조인 진(秦)나라에서 비롯됐고 '재팬(Japan)'은 일본(日本)의 당나라 때 발음 '지펀'이 변한 것이다. 13세기 중국을 여행한 마르코 폴로는 《동방견문록》에서 일본을 '지팡구(Zipangu)'라고 불렀다.

서양에서 한국을 코리아, 코레아, 꼬레 등으로 부르는 것은 고려 시대 들어 비로소 우리나라가 서양에 알려졌음을 방증하는 것이다. 고려는 국호만 세계에 알린 게 아니다. 고려청자 · 고려대장경 · 고려불화 · 고려인삼 등은 그 자체가 하나의 명품 브랜드가 됐다.

고려는 한국사에서 최초의 글로벌 국가일 뿐 아니라 다문화 국가이기도 했다. 외국인을 받아들인 기록이 사료에 처음 본격적으로 등장한다. 실제로도 이민족을 적극 포용해 다문화 사회를 형성하며 국가의 기틀을 다지고 풍요로운 문화를 일궜다.

이는 북방 유목민족의 발흥에 따른 외침과 중국 왕조 교체 때문이기도 하지만, 고구려의 계승자를 자처하고 후삼국을 병합해 한반도 최초의 통일 왕조를 연 고려 태조 왕건의 개국 정신에서 비롯된 것이기도 하다.

왕건은 후고구려의 궁예를 몰아내고 918년 6월 15일 고려를 건국한 뒤 935년과 936년 신라와 후백제를 차례로 아우른다. 그에 앞서 고구려 유민이 말갈족과 함께 세운 발해가 926년 거란족의 침입으로 멸망하자 망국 백성이 대거 고려로 이주한다. 고려사는 934년에 발해 세자 대광현이 수만 명을 이끌고 투항해왔다고 기록하고 있다.

그 뒤로도 거란족과 여진족이 각각 요(遼)나라와 금(金)나라를 세우는 과정에서 전란을 피해 고려로 귀화하는 북방 민족의 발길이 이어진다. 8대 임금 현종 때인 1017년 말갈족 목사(木史)가 부락민을 거느리고 귀순해 작위를 내렸으며 거란족 매슬(買瑟) 등 14명이 국경을 넘어왔다

개성의 고려박물관에 전시된
고려 태조 왕건의 초상

는 기록이 있다.

한 연구에 따르면, 고려 건국 후 요 · 금 교체기인 12세기 초까지 약 200년간 17만 명가량의 이민족이 고려로 이주했다. 이는 당시 추정 인구 200만 명의 8.5%로, 지금의 국내 체류 외국인 비율 3.9%보다 훨씬 높다.

가장 많은 것은 38회에 걸쳐 12만2천686명이 이주한 발해계로 73%에 이르고 다음은 여진계 4만4천226명이었다. 정복민인 거란계도 1천432명이었으며, 5대10국과 송(宋)나라 한족(漢族)은 42회에 걸쳐 155명이 귀화했다.

몽골이 인류 초유의 대제국을 세운 원나라 때는 동서양 물자와 인력의 교류가 활발해 몽골인뿐 아니라 서역인들도 우리나라에 들어왔다. 그러나 중국에 명나라가 들어서고 한반도는 조선으로 교체되면서 우리나라 외교와 무역은 중국과의 사대 외교와 조공 무역으로 축소되고 이주민 유입도 급격히 줄어든다.

최근 이주민에 의해 새로 만들어진 성씨를 제외하고 우리나라 성씨는 275개를 헤아린다. 이 가운데 절반에 가까운 130개가 귀화 성씨이고 신라 때 40개, 고려 시대 60개, 조선 시대 30개 정도가 생겨났다고 한다. 세월이 흐를수록 교통이 발달한 것을 감안하면 고려가 조선보다 훨씬 개방적이었다는 사실을 말해준다. 태조 이래 고려의 역대 임금들이 '오는 자는 거절하지 않는다'는 '내자불거(來者不拒)'의 국정 철학을 지켜왔기 때문이다.

4 항왜 김충선과 명나라 제독 진린

임진왜란 때 조선군에 항복해 포로가 된 항왜降倭 가운데 사야가沙也加라는 장수가 있었다. 그는 처음부터 조선군과 싸울 생각이 없었다. 가토 기요마사가 이끄는 왜군 제2진의 선봉을 맡아 1592년 4월 15일 부산포에 상륙했다가 부하들과 함께 경상도 병마절도사 박진을 찾아가 귀순했다.

여기에 그치지 않고 조총과 화포를 다루고 화약을 만드는 법을 조선군에게 가르쳐주는가 하면 순찰사 김수 등을 따라 참전해 경주와 울산 등지에서 숱한 전공을 세웠다.

조선 조정은 이를 가상히 여겨 자헌대부정2품를 제수하고 김해 김씨金海金氏란 성씨와 '충성스럽고 착하다'라는 뜻의 충선忠善이라는 이름을 내렸다. 김충선의 본관은 다른 김해 김씨와 구분해 왕이 하사했다는 의미로 사성賜姓 김해 김씨라고 부르며, 대구광역시 달성군 가창면 우록리에 후손들이 집성촌을 이루고 있어 우록友鹿 김씨라고도 한다.

김충선은 정유재란, 이괄의 난, 정묘호란은 물론 병자호란 때도 66세의 나이로 무공을 떨쳤다. 1642년 72세의 나이로 세상을 떠나자 그가 살던 우록리에 녹동서원을 짓고 그의 위패를 모신 녹동사를 세웠다.

그가 지은 가사 '모하당술회가慕夏堂述懷歌'를 보면 "넓디넓은 천하에서 어찌해 오랑캐의 문화를 지닌 일본에서 태어났는가"라고 한탄하는 대목이 나온다. 앞선 문물을 보기를 원하던 중 가토 기요마사로부터 선봉장으로 임

••• 대구시 달성군 가창면 우록리 녹동사에 김충선 장군의 영정이 모셔져 있다.(달성 한일우호관 제공)

명되자 이 전쟁이 의롭지 못하다는 걸 알지만 동방예의지국 조선에 가서 다시는 돌아오지 않겠다는 마음을 먹었다고 털어놓고 있다.

그는 조선에 귀화하고자 결심한 이유로 요순삼대堯舜三代의 유풍을 사모해 동방 성인聖人의 백성이 되겠다는 것과, 자손을 예의의 나라 사람으로 만들겠다는 것 두 가지를 들었다.

일본에서는 김충선의 귀화를 인정하지 않고 심지어 조선의 자작극이라고 의심해왔다. 1970년대 들어 유명 소설가 시바 료타로가 우록리를 방문한 뒤 책을 펴내 분위기가 바뀌더니, 임진왜란 발발 400주년인 1992년에는 일본 공영방송 NHK가 '출병에 대의 없다, 도요토미 히데요시를 배반한 사나이 사야가'라는 제목의 다큐멘터리를 방송했다.

〈아사히신문〉은 김충선의 귀순을 '양식 있는 무사의 의로운 결단'으로 평가했는가 하면, 다른 일본 언론들도 '일본의 양심'과 '인류애의 수호자' 등의 제목으로 그를 소개했다. 2010년에는 일본 와카야마현 기슈도쇼구紀州東照宮에 김충선 장군 기념비가 제막됐고, 2017년 9월에는 오노 마사야키 이사장 등 일한문화교류기금 대표단 일행이 우록 김씨 종친회 초청으로 녹동서원과 김충선 묘소를 답사하기도 했다.

임진왜란과 정유재란 당시 중국 명나라는 조선의 원군 요청을 받아들여 4차에 걸쳐 30만 명에 가까운 대군을 파병했다. 진린陳璘은 수군 5천 명을 이끌고 정유재란에 참전해 고금도 등지에서 조선수군통제사 이순신과 함께 왜군을 무찔렀다. 처음에는 이순신과 불화를 빚었지만 나중에는 그의 인품과 능력에 감화돼 그의 전공을 명나라 조정에 알리는가 하면 그의 전사를 안타까워하는 시를 짓기도 했다.

진린은 전란이 끝난 뒤 귀향해 광동백廣東伯에 봉해졌다. 그의 손자 진조陳詔는 명나라가 멸망하고 청나라가 들어서자 1644년 조선으로 망명했다. 할아버지의 자취가 서린 고금도에서 경주 이씨와 결혼해 살다가 해남으로 이사했다.

한국에 사는 진조의 후손들은 진린을 시조로 모시고 그의 고향을 따서 광동 진씨라고 칭했다. 전남 해남군 산이면 황조마을이 최대 집성촌으로, 전국의 씨족 2천300여 명 가운데 60여 명이 살고 있다. 마을 이름은 '명나라 황제의 조정에서 큰 벼슬을 한 충신의 후예가 산다'는 뜻으로 지었다고 한다.

이곳에는 진린의 초상을 모신 사당 황조별묘皇朝別廟가 세워져 있다. 광동 진씨 종친회는 1994년 진린의 고향 광동성을 방문해 중국의 진린 장군 후손들과 만난 것을 시작으로 해마다 양국을 교환 방문해 우의를 다지고 있다.

진린은 조 · 명 연합군 수군 본대가 주둔한 전남 완도군 고금면 묘당도에 삼국 시대 촉한의 영웅 관우를 모시는 사당 관왕묘關王廟를 세웠다. 명나라 군대는 전국 각지에 관왕묘를 건립했으며 이 가운데 서울의 동관왕묘동묘가 가장 유명하다.

진린은 고금도를 떠날 때 남은 재물을 섬 주민들에게 주며 관왕묘를 잘 지켜달라고 부탁했다. 주민들은 이 약속을 어기지 않았으나 일제가 파괴해 옥천사라는 이름의 사찰이 됐다가 해방 후 이순신을 모시는 충무사로 바뀌었다.

전남 완도군은 2020년까지 85억 원을 들여 관왕묘를 복원하고 이순신과 진린 유적을 새로 단장해 한중 우호의 상징물로 삼겠다는 계획을 추진하고 있다.

한국과 일본은 독도와 위안부 문제 등으로 냉랭한 관계를 이어가고 있다. 박근혜 정부 당시 위안부 문제 합의를 시도했다가 오히려 이것이 새로운 갈등의 불씨가 되었다. 중국과도 사드 배치와 그에 따른 보복 조치 등의 여파로 불편한 관계가 한동안 이어지고 있다.

2018년은 임진왜란과 정유재란을 포함한 한국과 일본의 7년전쟁이 끝난 지 420년(7갑자)이 되는 해다. 두 차례의 왜란으로 조선은 강토가 유린당하고 백성이 살육되는 수난을 당했고, 명나라도 원군 파병으로 국력을 소진해 청나라로 왕조가 교체되는 비운을 겪었다.

우리는 420년 전 역사의 아픔을 기억하면서도 의인 김충선의 선택을 재평가하고 진린과 이순신의 우의를 기리며 미래 지향적인 한일 관계, 한중 관계를 만들어가야 한다. 한일 관계와 한중 관계의 발전 없이는 남북 화해가 쉽지 않고 세계 평화도 기대하기 어렵기 때문이다.

우리나라 귀화 성씨는 얼마나 될까

우리나라에서는 해마다 7천 개 안팎의 새로운 성씨가 생겨난다. 귀화 외국인 상당수가 성과 본을 새로 짓는 창성창본(創姓創本)을 택하기 때문이다. 2011년 7천770명, 2012년 7천623명, 2013년 7천612명, 2014년 7천655명, 2015년 6천272명의 외국인이 대법원의 허가를 받아 성씨 시조가 됐다.

김 · 이 · 박 · 최 · 정 등 한국인이 많이 쓰는 성씨를 따라 쓰고 거주지를 본관으로 정하는 경우가 대부분이지만 최근 들어서는 대마도 윤씨, 몽골 김씨, 태국 태씨처럼 출신지를 본관으로 삼는 사례도 있다.

레 · 팜 · 에 · 짱 · 떵 등 본명의 한 글자를 따 성으로 짓는가 하면, 코이 · 하질린 · 스룬 · 무크라니 · 즈엉 등 외국 성을 그대로 쓰기도 하고, 서촌(西村) · 석원(石原) · 신곡(新谷)처럼 일본식 성을 우리 발음대로 신고하기도 한다.

유명인 중에서는 독일 이씨 시조인 이참(베른하르트 크반트) 전 한국관광공사 사[illegible]를 만든 방송인 하일(로버트 할리), 축구 선수 출신인 구리 신씨 신의손(발레리 사리체프)과 성남 이씨 이성남(라티노프 데니스) 등이 대표적이다.

2015년 인구주택총조사 결과를 보면 우리나라 전체 성씨는 5천582개로, 2000년 728개에서 7.7배나 늘어났다. 이 중 4천75개가 한자 없는 성씨인데, 귀화 외국인이 등록한 희성이 대부분이다. 이는 음이 같은 성씨를 하나로 친 것이어서, 본관까지 따지면 숫자가 훨씬 불어난다.

예전에도 귀화 성씨가 적지 않았다. 조선 성종 때 《동국여지승람》에 기록된 성씨 277개 가운데 절반가량인 130여 개가 귀화 성씨다. 역사적으로 볼 때 가장 오래된 귀화 성씨는 고조선으로 거슬러 올라간다. 《삼국유사》와 《사기》에는 중국 은나라가 멸망할 때 기자가 조선으로 건너왔다는 기록이 있다. 〈청주 한씨 세보〉에 따르면, 기자의 후손인 마한 원왕의 세 아들 우성 · 우량 · 우평이 각각 행주 기씨, 청주 한씨, 태원 선우씨가 됐다.

가야 김수로 왕과 인도 아유타국 공주 허황옥 사이에서 난 10남 2녀 가운데 두 아들은 어머니 성을 따서 김해 허씨가 됐다. 신라 4대 왕 석탈해는 용성국에서 건너온 배에 실렸던 알에서 깨어났다고 기록돼 있다. 용성국은 일본 원주민 아이누족의 부족국가였을 것으로 추정된다. 월성 석씨는 석탈해를 시조로 한다.

화산 이씨는 13세기 고려로 망명한 베트남 리 왕조의 마지막 왕자 리롱뜨엉(이용상)의 후손이다. 이보다 100여 년 앞서 리 왕가의 왕자 리즈엉꼰(이양혼)도 중국 송나라를 거쳐 고려로 건너와 정선 이씨의 시조가 됐다.

조선 시대 많은 명신을 배출한 거창 신씨는 고려 문종 때 송나라에서 귀화한 신수의 후손이다. 충렬왕비 제국대장공주를 따라 들어온 위구르인 삼가는 장순룡으로 개명해 덕수 장씨를 창성했고, 연안 인씨는 인후로 이름을 바꾼 몽골인 홀라타이를 시조로 받든다.

위구르인 설손도 공민왕 때 귀화해 경주 설씨의 시조가 됐다. 아들 설장수는 외국어와 문장에 뛰어나 조선 건국 때 탁월한 외교력을 발휘했다. 청해 이씨 시조인 이지란은 본래 퉁두란이란

베트남 전통 방식으로 진행된
베트남 다문화가정 합동결혼식(다문화박물관 제공)

이름의 여진족으로, 이성계를 도와 건국공신이 됐다. 임진왜란 때 귀순한 왜군 장수 사야가는 김충선이라는 성과 이름을 받고 사성 김해 김씨(우록 김씨)의 시조가 됐다.

병자호란 직후 명나라 재건을 꿈꾸며 봉림대군(효종)을 따라 조선으로 들어온 한족도 있다. 임구 풍씨의 시조인 풍삼사를 비롯해 통주 양씨 양복길, 항주 황씨 황공, 낭야 정씨 정선갑, 제남 왕씨 왕이문 등을 구의사(九義士)라고 부른다.

1627년 조선에 표착했다가 정착한 박연(벨테브레)의 원산 박씨, 그보다 26년 늦게 발을 디딘 하멜 일행 중 한 명이 시조인 것으로 알려진 병영 남씨는 네덜란드계 귀화 성씨다.

5 '고요한 아침의 나라' 저자 로웰

1882년 5월 22일 조선은 미국과 수호통상조약을 체결한다. 중국청이 일본과 러시아를 견제하려는 의도에 따라 이뤄진 것으로, 우리나라가 서양을 상대로 처음 쇄국의 빗장을 연 역사적 사건이었다. 이듬해 4월 초대 조선 주재 미국공사 루시어스 푸트가 내한하자 고종은 답례로 미국에 보빙사報聘使를 파견한다. 최초의 서양 사절단이었다.

민영익 · 홍영식 · 서광범 등 보빙사 일행은 7월 인천항을 떠나 일본에 들렀다. 일본 정부는 이들을 돕고자 미국인 청년 퍼시벌 로웰Percival Lowell을 고용해 보빙사에 합류시켰다.

보스턴의 명문가에서 태어난 로웰은 하버드대를 졸업한 뒤 동양의 신비에 이끌려 일본에 머물고 있었다. 한국어는 모르지만 일본어는 어느 정도

구사할 수 있어, 영어에 능통한 일본인을 개인 비서로 채용했다.

9월 샌프란시스코에 도착한 보빙사 일행은 체스터 아서 미국 대통령이 머물고 있던 뉴욕 5번가의 호텔에서 신임장을 제정했다. 이들은 넙죽 엎드려 이마가 바닥에 닿을 정도의 큰절을 올려 아서 대통령을 당황케 하기도 했다.

로웰은 보빙사가 뉴욕의 산업박람회장을 비롯해 병원, 소방서, 우체국, 전신회사, 제당공장 등을 둘러보는 2개월간의 공식 일정 내내 국서의 번역과 통역, 보좌, 안내 등을 맡았다.

••• 퍼시벌 로웰

그는 보빙사와 함께 11월 일본에 돌아온 뒤 12월에 조선 땅을 밟았다. 방미 외교와 산업 시찰 등을 순조롭게 마칠 수 있도록 로웰이 많이 도와줬다는 별도의 보고를 홍영식이 고종에게 올리자 이에 감사하는 뜻으로 조선 조정이 초청한 것이다.

로웰은 그의 통역과 접대를 맡은 윤치호와 함께 3개월간 한양의 주요 시설과 근교의 명승을 두루 돌아본 뒤 조선을 떠나 세계를 유람하다가 고향 보스턴으로 돌아갔다.

귀국 2년 뒤인 1885년 로웰은 조선의 정치 · 경제 · 문화 · 사회 등을 백과사전 형식으로 자세히 기록해 412쪽 분량의 책으로 펴냈다. 조선朝鮮이라는 국호의 한자어를 뜻풀이해 붙인 제목 '조선, 고요한 아침의 나라Choson, the Land of Morning Calm'는 이후 여러 서양인이 한국 기행문에서 한국을 수식하는 말로 차용했으며, 지금까지도 우리나라를 가리키는 별칭으로 쓰이고 있다.

그는 매혹적이면서도 이상하게 보이는 조선 사회의 지배 원리로 비개성적 특질, 가부장제, 여성의 지위 부재 등을 꼽았다. 이 책에는 고종의 어진御眞을 포함해 당시의 조선 풍물을 담은 사진 25장도 실렸다. 그가 사진사와 동행해 찍은 고종 사진은 최초로 기록됐다.

이보다 앞서 책을 집필해 한국을 서양에 알린 인물이 있었다. 그러나 로웰은 조선의 심장부를 직접 눈으로 확인하고 고위 관료들과 대화를 나눈 경험을 토대로 글을 쓴 최초의 서양인이었다. 오리엔탈리즘에 빠져 있는데다 일본에서 오래 생활했다는 한계에도 불구하고 당시 조선을 비교적 정확하고 객관적으로 기술한 것으로 평가받고 있다.

로웰은 1884년 12월 갑신정변이 일어나자 시사 월간지 〈애틀랜틱 먼슬리Atlantic Monthly〉에 사건 배경과 주동자 면면을 소개한 글 '조선의 쿠데타A Korean Coup d'Etat'를 기고했다.

그와 가깝게 지내던 홍영식의 죽음을 두고는 "일본인들의 배신으로 쿠데타가 실패하자 주모자들은 살길을 찾아 일본과 미국으로 도피했으나 홍영식은 혼자 남아서 청나라 군사들에게 체포돼 처형됐다. 용맹스럽고 충직했던 그는 대의를 포기하는 것은 비겁한 행위로 여기고 기꺼이 생명을 바쳤다"라고 기록했다.

로웰이 한국에 영향을 끼친 일은 또 있다. 《서유견문》의 저자 유길준의 미국 유학을 주선한 것이다. 보빙사의 일원이던 유길준은 귀국선을 타지 않고 미국에 남아, 로웰의 소개로 생물학자 에드워드 모스의 개인 지도를 받다가 더머 아카데미에 입학, 우리나라 최초의 미국 유학생이자 최초의 조선 국비 유학생으로 기록됐다.

유길준이 김홍집과 함께 주도한 갑오개혁은 비록 실패로 돌아갔고 친일적 경향을 띠었다는 비판도 있지만 그의 역저 《서유견문》은 당시 지식인들에게 국제 정세의 흐름을 일깨워주며 개화의 필요성에 공감하게 만들었다.

로웰은 천문학에도 관심이 많아 1894년 로웰천문대를 세웠다. 자신이 '행성X'라고 명명한 9번째 행성을 찾는 데 몰두하다 뜻을 못 이룬 채 1916년 눈을 감았다. 14년 뒤 로웰천문대의 조수 클라이드 톰보가 9번째 행성을 발견해 이를 명왕성Pluto으로 이름 지었다. 명왕성의 약칭 'PL'은 'Pluto'의 앞 두 글자이면서 퍼시벌 로웰의 머리글자를 딴 것이기도 하다.

퍼시벌 로웰이 세상을 떠난 지 100여 년이 지난 오늘날 한국은 '은둔의 나라'에서 세계 굴지의 무역국이자 다문화사회 진입을 눈앞에 둔 글로벌 국가로 변모했고, '고요한 아침의 나라'에서 변화와 혁신을 주도하는 '다이내믹 코리아'로 탈바꿈했다. 로웰이 만일 저승에서 이 모습을 본다면 깜짝 놀라 무덤에서 뛰쳐나오려 할지도 모르겠다.

조선을 서양에 알린 푸른 눈의 이방인들

조선에 관한 책을 가장 먼저 써서 우리나라를 서양에 알린 인물은 네덜란드 선원 하멜이다. 그는 1653년 일본 나가사키로 가던 중 일행 36명과 함께 제주도에 표착했다. 13년간 억류 생활을 하다가 1666년 탈출, 1668년 귀국해 《하멜표류기》를 발표했다.

그가 표류기를 쓴 것은 14년간 받지 못한 임금을 네덜란드 동인도회사에 청구하기 위해서였다. 제주 · 한양 · 강진 · 여수 등지로 끌려다니며 보고 들은 것을 일지 형식으로 기록해 책으로 펴냈다.

그로부터 200년이 지난 1868년, 조선에 통상 요구를 하던 독일 상인 에른스트 오페르트는 흥선대원군의 아버지 남연군의 묘를 도굴하려다가 달아나는 희대의 범죄를 저지른다. 그가 귀국해 1880년 독일에서 집필한 《금단의 나라 조선 기행(Ein Verschlossenes land : Reisen nach Korea)》은 도굴 사건의 경위와 함께 조선 조정의 상황과 주민의 실상 등을 담았다.

프랑스 신부 샤를 달레는 천주교 선교사들이 보낸 보고서 등 각종 기록을 모아 《조선교회사(Histoire De L'eglise De Coree)》를 저술하며 서문에 서양인의 눈에 비친 한국 문화와 한국인을 소개해놓았다. 미국인 학자 윌리엄 그리피스가 1882년 펴낸 《은자의 나라 코리아(Corea, the Hermit Nation)》도 조선에 와본 경험도 없이 일본에서 주변 사람의 이야기만 듣고 쓴 책이어서 많은 한계를 지니고 있다.

퍼시벌 로웰이 우리나라를 돌아보고 《조선, 고요한 아침의 나라》를 발간한 뒤, 이 땅을 찾아 기록을 남긴 인물이 줄을 잇는다. 영국 탐험가 새비지 랜더는 1890년 조선을 여행한 기록을 유적 · 주거 · 결혼 · 왕실 · 종교 · 군제 · 북한산성 등 21개 장으로 나눠 로웰과 똑같은 제목으로 책을 펴냈다.

영국의 여성 지리학자 이사벨라 버드 비숍은 1894년부터 1897년까지 네 차례 조선을 방문해 한양의 궁궐에서 금강산과 평안도 산골짜기까지 구석구석 답사하고 주민들의 생활을 체험했다. 영국 베스트셀러가 된 《조선과 그 이웃 나라들(Corea and her neighbors)》에서 비숍은 조선인의 체격이 일본인보다 훨씬 크고 인물도 중국인 · 일본인보다 잘생겼다고 평했다. 그러나 백성은 비참한 생활에서 벗어나지 못하고 있으며 특히 여인들은 노예 상태에 놓여 있다고 전했다. 그는 중국 만주와 러시아 연해주의 한인촌을 둘러보고는 조선인에 대한 생각을 완전히 바꿨다고 털어놓았다. 양반의 횡포와 관리의 수탈이 없는 이곳에서는 조선인들이 근면하고 성실한 태도로 자립하며 희망을 일구는 모습을 확인했기 때문이다.

1902~1903년 제3대 서울 주재 이탈리아 영사로 근무했던 카를로 로제티는 1904년과 1905년에 걸쳐 2권짜리 견문기 《한국과 한국인(Corea e Coreani)》을 펴냈다. 지금도 논란을 빚고 있는 명성황후 추정 사진을 비롯해 서울 전경, 외국어학교 수업 장면, 지게꾼 · 옹기장수 · 안경장수 · 기생 · 아낙네 등 다양한 인간 군상을 담은 450장의 사진으로 시대상과 생활상을 생생하게 소개했다.

독일의 베버 신부는 1911년 서울 · 수원 · 해주 · 공주 등지를 둘러본 뒤 1915년 《고요한 아침의 나라》를 출간했다. 그는 1925년에도 방한해 금강산을 유람하고 「한국의 결혼식」 등 기록영화를 촬영했다. 미국의 언어학자이자 선교사인 호머 헐버트는 《대한제국 멸망사(The Passing of Korea)》와 《한국사(History of Korea)》 등의 저서로 한국의 역사를 알렸다.

스웨덴의 동물학자이자 탐험가 스텐 베리만은 한국인의 전통문화와 생활 풍습 등에 관한 기록도 남겼지만, 한반도에 사는 야생동물을 처음으로 서양에 알린 것으로 유명하다. 1935년 2월부터 이듬해 11월까지 한국에 머물며 구스타프 스웨덴 왕자의 후원과 일본의 비호 아래 수많은 희귀 동물을 잡아 스웨덴에 보냈다. 모국으로 돌아간 뒤 1938년 4월 《한국의 야생동물지(In Korean Wilds & Villages)》를 펴냈다.

이사벨라 버드 비숍(좌), 베버 신부(우)

6 이주민의 롤모델 언더우드

부활절이던 1885년 4월 5일, 일본을 떠나 제물포항에 들어온 한 상선에서 벽안의 두 청년이 내렸다. 미국의 북장로회가 파견한 호레스 그랜트 언더우드Horace Grant Underwood · 한국명 원두우 · 元杜尤와, 미국 감리회 소속의 헨리 거하드 아펜젤러Henry Gerhard Appenzeller였다.

당시 각각 27세와 26세이던 아펜젤러와 언더우드는 우리나라 최초의 개신교 교회를 열고 성서를 우리말로 번역해 선교의 씨앗을 심는 한편 근대적 교육기관의 효시를 세워 수많은 인재를 배출했다.

이들에 앞서 우리나라를 찾은 서양인 선교사는 여럿 있었지만, 복음을 전파하겠다는 목적을 띠고 입국한 뒤 신도에게 세례를 주고 교회를 세운 개신교 목회자는 언더우드와 아펜젤러가 처음이었다.

출발은 언더우드가 빨랐다. 미혼인 언더우드는 조선 땅에 발을 디딘 지 이틀 만에 한양서울에 입성했다. 임신 중인 아내를 데리고 온 아펜젤러는 한 해 전 일어난 갑신정변으로 서울의 치안이 불안하다는 이야기를 듣고 일본으로 돌아갔다가 5월 3일 다시 제물포로 입항했다.

언더우드는 뉴욕대와 신학교를 졸업하고 목사 안수를 받았다. 인도에서 선교사로 활동하기 위해 의학을 배우다가, 조선에 선교사가 필요한데도 지원자가 없다는 말을 듣고 마음을 바꿔 조선행을 결심했다.

처음에는 왕실 의료기관 제중원에서 의료 선교사 알렌을 돕다가 정동의 가옥 한 채를 빌려 고아들을 가르쳤다. 이듬해 5월 11일 언더우드학당구세학당을 개교했고 1905년 경신학교로 개명했다. 1915년에는 조선기독대를 설립했는데, 이 학교가 1917년 연희전문학교로 인가받은 뒤 해방 후 연희대를 거쳐 1957년 세브란스 의과대와 합쳐져 오늘의 연세대가 됐다.

아펜젤러는 1885년 8월 3일 학생 2명에게 영어를 가르치며 교육 사업에 나섰다. 고종은 이듬해 6월 8일 '인재를 기르는 교육기관'이라는 뜻의 교명 「배재학당培材學堂」을 하사하며 격려했다.

아펜젤러가 두 번째 한국을 찾았을 때는 아내 말고도 일행이 또 있었다. 스크랜턴 모자였다. 메리 스크랜턴은 이듬해 최초의 여성 근대 교육기관인 이화학당을 세웠고, 아들 윌리엄 스크랜턴은 빈민 의료 봉사와 선교에 나섰다.

교회를 세운 것도 언더우드가 먼저였다. 1886년 7월 11일 자신의 두 번째 조선어 선생인 노춘경에게 첫 세례를 준 데 이어 1887년 9월 27일 정동의 자기 집 사랑방에서 14명의 교인과 함께 첫 예배를 올렸다. 한국장로회

••• 호러스 그랜트 언더우드(좌), 헨리 거하드 아펜젤러(우)

와 새문안교회는 이날을 뿌리로 삼고 있다.

언더우드보다 앞선 1886년 4월 25일 부활절에 주한 일본대사관 직원에게 첫 세례를 준 아펜젤러도 정동의 조그만 집 한 채를 사들여 '벧엘예배당'으로 꾸민 뒤 1887년 10월 9일 첫 예배를 보았다. 한국감리회의 모교회인 정동제일교회의 시작이다. 오늘날 장로교와 감리교는 한국 개신교의 80%를 넘는 교세를 자랑한다.

일찌감치 한글의 우수성을 깨달은 언더우드는 한국어 문법을 프랑스 문법 틀에 맞춰 해설한 《한어문전》을 펴내는가 하면 서양 선교사들을 위해 사전도 편찬했다. 《한영자전》 후반부에 수록한 '영한부'는 최초의 '영한사전'이었다. 영어를 한글로 번역한 찬송가집도 펴냈다.

언더우드는 아펜젤러, 윌리엄 스크랜턴과 함께 성서번역위원회를 조직해 한글 성경을 보급했다. 이 모임에서 '여호와'를 '상제'로 번역할지 '하나님'으로 옮길지, 'eye of needle'을 '바늘귀'로 할지 '바늘눈'으로 쓸지 등을 놓고 열띤 토론이 벌어졌다. '빵'은 당시 조선에 없었던 탓에 결국 '떡'으로 표현하기로 결정됐다.

기독교청년회YMCA 설립에도 앞장선 언더우드는 1903년 초대 회장을 맡아 청년 운동의 불씨를 지피는 한편 야구 · 농구 · 체조 등 서양 근대 스포츠 보급에 나섰다. 1889년에는 명성황후의 시의로 일하던 제중원의 여의사 릴리어스 호턴과 결혼해 외아들 호러스 호턴 언더우드한국명 원한경를 낳았다.

언더우드는 건강이 악화해 1916년 미국으로 돌아갔다가 10월 12일 그곳에서 소천했다. 뉴저지 교회 묘지에 묻혔다가 유족의 뜻에 따라 1999년 서울 양화진 외국인 묘지로 이장됐다.

전도 여행에 열심이던 아펜젤러는 1902년 목포에서 열리는 성경번역자 회의에 참석하려고 배를 탔다. 그러나 그 배가 군산 앞바다에서 마주 오는 배와 충돌해 침몰하면서 익사했다. 아펜젤러의 아들딸도 일제의 탄압 속에서 배재학당과 이화학당을 발전시키는 데 헌신해 귀감이 됐다.

4대에 걸친 언더우드 일가의 한국 사랑은 실로 놀라운 것이었다. 원한경은 3 · 1운동 때 제암리 교회 학살 사건 등을 세계 교회와 언론에 알려 일제의 만행을 규탄했다. 1941년 12월 일본의 진주만 공습 직후 장남 원일한과 투옥됐다가 1942년 강제 추방됐다. 원한경은 광복 후 미국 육군성 통역 요원으로 다시 한국 땅을 밟았으나 부인 와그너가 좌익 청년들에게 살해되는 아픔을 겪었다. 6 · 25전쟁이 터지자 민간 고문단으로 활약하다가 1951년 2

월 부산에서 숨졌다.

원일한은 연희대 교수로 재직하던 중 미국 해군에 입대해 인천상륙작전에 참가하고 유엔군 정전협상 수석통역장교를 맡았다. 3남 원재한과 4남 원득한도 각각 미군 군목과 통역 요원으로 참전했다. 자진해서 한국전에 뛰어든 언더우드 일가의 이야기는 미국에서도 화제를 불러일으켜 수많은 신문과 방송에 소개됐다.

언더우드의 증손자 원한광은 연세대 교수로 재직하다가 2004년 11월 한국을 떠났고, 원한석은 한국에서 경영 컨설턴트로 일하며 《퍼스트 무버》 등의 저서를 펴냈다. 언더우드 가문은 100여 년간 누대를 이어오며 기독교 정신에 입각해 봉사를 실천했다. 이주민 가족의 롤모델로 꼽아도 손색이 없다.

한국인보다 한국을 더 사랑한 서양 선교사들

기록에 따르면, 우리나라를 찾은 최초의 서양인 선교사는 네덜란드 출신 카를 귀츨라프다. 1832년 중국 연안에서 풍랑을 만나 충남 보령시 오천면 고대도에 정박했다가 주민에게 한문으로 된 개신교 성경을 나눠줬다고 한다.

1836년에는 프랑스 신부 피에르 모방이 압록강을 건너 우리나라에 들어왔다. 최초의 천주교 선교사인 그는 이듬해 입국한 사스탕 신부와 함께 교리를 전파하고 김대건 · 최양업 등을 신학생으로 선발해 교육하다가 마카오로 유학 보냈다. 1839년 기해박해 때 새남터에서 처형됐고 1984년 성인 품에 올랐다.

1866년에는 영국 선교사 로버트 토머스가 미국 상선 제너럴셔먼호를 타고 대동강을 따라 평양에 들어왔다가 주민들과 갈등을 빚어 선원들과 함께 숨졌다. 한국 개신교회는 그를 최초의 순교자로 기리고 있다.

1884년에는 호러스 알렌이 최초의 의료 선교사로 파견됐다. 갑신정변 때 치명상을 입은 명성황후의 조카 민영익을 치료한 것을 계기로 왕실 의사가 됐고, 고종의 윤허를 얻어 최초의 서양식 병원 제중원을 건립했다. 제중원은 서울대병원과 연세대 세브란스 병원의 뿌리가 됐다.

1886년 고종이 서양식 교육기관 육영공원을 설립하자 미국인 교사 호머 헐버트, 조지 길모어, 달젤 벙커 등이 부임했다. 선교사이기 이전에 교육자이며 한글학자이자 독립운동가이기도 한 헐버트(한국명 흘법 · 訖法)는 한글 세계 지리 교과서 《사민필지》를 저술하는가 하면 〈독립신문〉 창간을 돕기도 하고 활발한 연구 · 저술 · 출판 활동으로 한국 문화 보존과 홍보에 힘썼다. 그는 영문 잡지 창간과 강연 · 기고 등으로 일제의 침략 야욕을 폭로하고 미국의 잘못된 외교 정책을 비판하는 데 앞장서 1950년 외국인 최초로 건국공로훈장 태극장(독립장)을 받았다. 2013년 7월에는 외국인으로는 처음으로 '이달의 독립운동가'에도 선정됐다.

제임스 스카스 게일(좌),
프랭크 윌리엄 스코필드(우)

캐나다 출신의 제임스 스카스 게일(한국명 기일 · 奇一)은 1888년 입국해 선교 여행에 나서는 한편 성경을 한글로 번역했다. 기독교 교리를 쉽고 친근하게 전달하기 위해 17세기 영국의 존 번연이 쓴 소설 《천로역정》을 1895년 우리말로 옮겨 펴냈다. 이는 우리나라에서 가장 먼저 번역된 서양 소설이다. 1900년 서울 종로5가의 연못골교회(현 연동교회) 담임목사로 부임해서는 신도들의 반대를 무릅쓰고 처음으로 천민 출신 이명혁을 장로로 임명했다.

게일은 조선 시대 야담집 《천예록》과 김만중의 고대 소설 《구운몽》을 영국에서 펴냈다. 《구운몽》은 한국 문헌 중 전체가 외국어로 번역된 첫 작품이다. 춘향전 · 흥부전 · 심청전 · 금수전 · 홍길동전 · 옥루몽 · 운영전 등도 영역했다.

그는 〈조선사상통신〉에 실은 글에서 "조선은 실로 동양의 희랍(그리스)이라고 말하고픈 나라로, 유사 이래 온갖 문화를 창조했으며 세계에서 으뜸가는 바가 있었다"고 극찬하는가 하면 "조선에 온 지 40년간 보면 볼수록 조선 그 자체가 심오하게 여겨져 흥미를 더해가게 됐다"고 애정을 고백하고 있다. '한국인보다 더 한국을 사랑한 서양인'이라는 말이 딱 어울린다.

영국인 프랭크 윌리엄 스코필드(한국명 석호필 · 石虎弼)는 '34번째 민족 대표'로 불릴 만큼 3 · 1운동에 깊이 간여했다. 세브란스 의학전문학교에서 강의하던 그는 33인 민족 대표 중 한 명인 세브란스 의전 출신 이갑성에게 해외 정세를 담은 외국 신문을 전해주는가 하면 기미독립선언서를 영어로 번역했다. 당일 만세 시위 사진을 찍어 해외에 알리고 일본 경찰의 만행에 항의했으며 제암리 학살 사건 보고서를 작성했다.

한국 정부는 1960년과 1968년 스코필드에게 각각 문화훈장과 건국훈장(국민장)을 수여했다. 1970년 그가 숨지자 외국인으로서는 유일하게 국립서울현충원 애국지사 묘역에 안장했다. 그는 마지막 남은 책 한 권, 구두 한 켤레까지 주위 사람에게 나눠주고 전 재산을 보육원과 YMCA에 헌납했다.

7 한국의 흙이 된 일본인 의인

서울 중랑구 망우리묘지공원 203363호 묘소. 작은 기념비에는 "한국의 산과 민예를 사랑하고 한국인의 마음속에 살다 간 일본인 여기 한국의 흙이 되다"라고 적혀 있다.

무덤의 주인공인 아사카와 다쿠미淺川巧는 1891년 일본 야마나시현에서 태어났다. 1913년부터 서울의 초등학교에서 교편을 잡고 있던 7살 위의 형 노리타카淺川伯敎가 "우리가 듣던 것과 달리 조선이 살기 좋은 곳"이라며 함께 지낼 것을 권유했다. 농림학교를 졸업하고 영림서에서 일하던 다쿠미도 이듬해 5월 서울로 이주해 조선총독부 산하 임업시험소에 취직했다.

그는 조선에서 눈을 감기까지 17년 동안 낙엽송 양묘에 성공하고 잣나무 노천 매장 발아 촉진법을 개발하는 등 우리나라 산림녹화에 크게 기여했다. 현재 인공림의 37%가 그의 도움으로 조성됐다고 한다.

••• 2018년 4월 2일 서울 중랑구 망우리묘지공원에서 '아사카와 다쿠미 87주기 한일 합동 추모식'이 열리고 있다.(아사카와 형제 현창회 제공)

형 노리타카는 조선 도자기에 관한 여러 편의 저서와 논문을 쓰고 전국의 도요지 678곳을 찾아내 '조선 도자기의 신神'이라는 별명을 얻었다. 그는 조각과 회화 작가로 입문해 조선미술전람회 등에서 여러 차례 입상했으며 시도 수백 편 남겼다. 야나기 무네요시柳宗悅에게 청화백자를 선물해 한국 문화와 예술에 빠져들게 한 것도 노리타카였다.

다쿠미도 《조선의 소반》과 《조선도자명고朝鮮陶磁名考》라는 저서를 남겼다. 둘은 야나기와 의기투합해 1924년 4월 9일 경복궁 집경당에 아시아 최초의 공예 미술관인 조선민족미술관을 개관했다.

노리타카는 1945년 일본 패망 후에도 한국에 남아 도요지 조사를 계속 하다가 공예품 3천여 점과 도편陶片 30상자를 조선민족미술관의 후신인 국립민족박물관에 기증하고 1946년 11월 귀국했다. 1964년 1월 80세의 나이로 눈을 감았다.

조선인과 하나가 되려는 마음은 동생이 더 깊었다. 다쿠미는 바지저고리 차림에 망건을 쓰고 외출하는가 하면 한국어를 쓰고 한국 음식을 지어 먹었다. 술도 막걸리를 즐겨 마셨고 거처는 온돌방이었으며 방 안에 조선 장롱을 두고 살았다.

넉넉지 않은 형편인데도 어려운 이를 보면 주머니를 털었고 고학생들에게 정기적으로 장학금도 주었다. 야나기는 "다쿠미만큼 조선 예술을 알고 조선 역사에 통달한 사람이 있겠지만 그처럼 조선인의 마음으로 들어가 그들과 산 사람이 어디 있겠는가"라고 평했다.

다쿠미는 1931년 4월 2일 과로에 따른 급성폐렴으로 순직하며 "나는 죽어도 조선에 있을 것이니 조선 식으로 장례를 지내달라"고 유언했다. 그가 이문리(지금의 서울시 동대문구 이문동)에 안장되던 날 조문객이 구름처럼 모였고 서로 상여를 메겠다고 나섰다.

이문리 묘소는 1942년 7월 새로 길이 나는 바람에 망우리로 옮겨졌다. 해방 후 돌보는 이가 없어 덤불에 덮이고 묘비도 넘어져 뒹굴다가 이를 안타깝게 여긴 임업시험장 동료들이 1964년 6월 새로 단장했다. 임업시험장 직원들은 1984년 8월에 기념비를 세웠다.

일본에서는 다쿠미의 일대기를 그린 책 《조선의 흙이 된 일본인》(1984년)과 《백자 같은 사람》(1994년)이 출간됐고 영화「백자의 사람, 조선의 흙이 되다」도 선보였다. 2015년에는 한국에서 아사카와 형제 현창회가 발족해, 해마다 다쿠미 기일에 망우리 묘소에서 한일 합동 추모식을 열고 있다.

조선을 사랑한 일본인으로는 후세 다쓰지布施辰治 변호사를 빼놓을 수 없다. 그는 두 차례 옥고를 치르고 세 차례 변호사 자격을 박탈당하면서도 조선의 독립 옹호와 군국주의 반대라는 신념을 굽히지 않았다. 반전 운동을 벌이던 셋째 아들이 교토형무소에서 옥사하자 "전쟁터에서 죽은 것보다 감옥에서 죽은 것이 장한 일"이라고 의연하게 말했다.

1880년 일본 미야기현에서 태어난 후세는 메이지법률학교를 졸업하고 사법시험에 합격해 검사시보로 임용됐다. 그러나 생활고에 시달리다 자녀와 동반자살하려 한 여성을 살인미수죄로 기소해야 하는 현실에 회의를 느껴 1903년 변호사가 됐다.

인권변호사로 이름을 알리던 그는 1911년 논문 '조선 독립운동에 경의를 표함'을 발표해 일본 검찰의 밤샘 조사를 받았다. 1919년 2·8 독립 선언에 가담한 조선 청년들을 위해 무료 변론에 나선 데 이어 1920년 "탄압받고 힘없는 사람들 편에 평생 서겠다"는 뜻을 담은 글 '자기 혁명의 고백'을 언론에 배포했다.

1923년 8월에는 경성서울을 방문해 의열단원 김시현을 변호하고, 백정들의 신분 철폐 모임인 형평사를 지원하는가 하면, 재일 조선인 유학생 단체 북성회가 주최하는 순회 강연에 나서기도 했다.

1923년 9월 관동대지진 때 재일 조선인 학살극이 빚어지자 진상 조사와 책임자 처벌을 요구했으며 이듬해 독자적인 조사 보고서를 냈다. 아나키스트 혁명가 박열과 부인 가네코 후미코金子文子가 대역죄로 기소됐을 때도 변론을 맡아 "조선인 학살 범죄를 감추려고 조작한 것"이라며 무죄를 주장했다.

후세는 황궁 앞에 폭탄을 던진 김지섭을 변호하고 1925년 을축대홍수 때는 조선 수재민 구호 운동을 펼치기도 했다. 동양척식회사에 농토를 빼앗긴 전남 나주군 궁삼면 농민들이 일본으로 찾아와 도움을 호소하자 현지로 달려가 중재를 끌어냈다. 그때 궁삼면에는 "왔소! 왔소! 후세 씨 우릴 살리러 또 왔소!"라고 적힌 환영 벽보가 나붙을 정도로 조선인의 신뢰와 기대를 한 몸에 받았다.

후세는 광복 후에도 재일동포 차별 철폐 운동을 펼쳤다. 1949년 4월에는 귀국하는 박열 일행에게 자신이 쓴 《조선건국 헌법초안 사고私考》를 선물로 건네며 대한민국의 발전을 기원했다.

1953년 9월 13일 타계한 뒤 그의 묘비에는 '살아서 민중과 함께, 죽음도 민중을 위해'라는 생전의 좌우명이 새겨졌다. 2004년 한국 정부는 그에게 건국훈장 애족장을 추서했다. 40여 명의 외국인 독립유공자 가운데 일본인은 후세가 유일하다.

8 무장 독립 투쟁에 힘 보탠 서양인들

조지 쇼George Shaw는 1880년 중국 푸젠성 푸저우에서 아일랜드계 영국인 아버지와 일본인 어머니 사이에서 태어났다. 1900년부터 조선의 금광회사에 근무하다가 1907년 중국의 압록강 변 국경 도시 안둥安東 · 지금의 단둥에 무역회사 이륭양행을 차렸다. 이륭양행은 홍콩에 본사를 둔 영국계 대형 해운회사의 안둥 대리점도 겸했다. 그도 아버지처럼 일본인 여성과 결혼했고 둘째 며느리도 일본인이었다.

쇼의 본격적인 독립운동 지원 활동은 1919년 시작됐다. 3 · 1운동 직후 김구는 동지 14명과 함께 압록강을 건넌 뒤 이륭양행이 운항하는 배 계림호를 타고 안둥에서 상하이로 망명했다.

상하이 임시정부가 1919년 8월 교통국을 설치하고 국내 각 지역과 연락망을 구축했을 때 본부 겸 사무국 역할을 한 것이 이륭양행 사옥 2층에 설치한 안둥 교통지부였다. 김가진도 아들 김의환을 데리고 이륭양행 배에 올라 임시정부에 합류했다. 사전에 정보가 누설돼 실패로 돌아가기는 했지만, 그해 11월 의친왕 이강의 망명도 주선했다.

임시정부는 국내에서 모금한 독립 자금을 상하이로 수송할 때 이륭양행의 네트워크를 이용했고, 독립군들이 무기나 폭탄을 국내로 반입할 때도 이륭양행의 도움을 받았다.

일제는 쇼를 눈엣가시처럼 여겼다. 1920년 7월 쇼가 일본에서 오는 아내를 맞으려고 신의주로 건너가자, 여권을 소지하지 않았다는 이유로 검거한 뒤 내란죄로 기소했다. 그러자 영국 정부와 언론이 거세게 항의해 결국 4개

●●● 조지 쇼

월여 만에 석방됐다.

쇼는 이듬해 1월 상하이에서 임시정부의 금색공로장을 받았다. 그해 3월 김문규를 이륭양행 직원으로 채용해 비밀 통신, 정보 수집, 군자금 모집, 무기 보관 · 전달 등의 임무를 맡겼다. 일제는 형사를 보내 김문규를 체포한 뒤 국내로 압송했다.

1923년 3월 경기도 경찰부 소속 황옥이 의열단원 김시현 · 권동산 등과 함께 폭탄과 권총 등을 국내로 들여올 때도 운반을 도왔다. 임시정부가 만주 지역의 독립운동 단체들과 연락을 주고받으며 무기와 탄약을 운송할 때도 이륭양행을 거점으로 활용했다.

이를 보다 못한 일제는 쇼를 쫓아내려는 공작을 벌였다. 1931년 만주 침략 후 국경 지대 단속을 강화한다는 명분으로 이륭양행 배를 불법으로 검문 수색하는가 하면 이륭양행이 밀수에 손을 대고 있다는 소문을 퍼뜨렸다. 어용 기선회사에 거액의 보조금을 주어 이륭양행과 경쟁하게 하고 이륭양행 선박을 압류하는 등 온갖 수단을 동원했다.

중일전쟁 발발 직후인 1937년에는 군부까지 나서 쇼의 배에 화물을 싣는 것을 방해했다. 쇼는 더 이상 견디지 못하고 이륭양행의 선박과 압록강 항로권을 매각하고 1938년 4월 안둥을 떠나 푸저우로 옮겨 갔다.

독립운동가 김산본명 장지락은 미국 작가 님 웨일스가 쓴 《아리랑》에서 "쇼는 한 푼도 받지 않고 오로지 동정심에 스스로 한국을 도와주었다. 한국인 테러리스트들은 몇 년 동안 그의 배로 돌아다녔고, 위험할 때는 안둥에 있는 그의 집에 숨었다"고 회고했다.

어머니 · 아내 · 며느리가 모두 일본인이었는데도 쇼가 일제의 탄압을 무릅쓰고 한국의 독립운동을 도운 까닭은 무엇일까? 학자들은 두 가지로 추정하고 있다.

첫째는 중국 내 영국 상인들이 일제의 방해로 막대한 피해를 봤기 때문에 그 역시 반일 감정을 품었다는 것이다. 쇼는 일본인과 사업상 거래조차 거부할 정도였다고 한다.

둘째는 그가 아일랜드계라는 점이다. 1916년 4월 아일랜드인들은 영국의 압제에서 벗어나려고 부활절 봉기를 일으켰고 1919년 1월 독립전쟁 개시를 선언했다. 쇼도 동병상련의 심정으로 일제에 맞서는 한국인들을 도왔다는 것이다.

쇼는 푸저우에서 석유 판매 등 사업을 벌였으나 일제의 중국 침략이 본격화한 뒤 방해를 받던 중 1943년 11월 13일 숨을 거뒀다. 대한민국 정부는 1963년 건국공로훈장을 추서했으나 후손을 찾지 못하다가 2012년 광복절, 49년 만에 친손녀에게 훈장을 전달했다.

의열단원들이 폭탄을 국내에 반입해 거사를 벌이려 할 때 도움을 준 또 한 명의 서양인이 있었다. 고성능 폭탄 제조 전문가 마자르로, 그의 고국은 오스트리아의 지배를 오랫동안 받아온 헝가리였다.

마자르는 제1차 세계대전 당시 러시아군의 포로가 됐다가 몽골까지 흘러 들어와 세브란스 의전 출신의 한국인 의사 이태준의 운전기사로 일하고 있었다. 몽골에 독립군 비밀 군관 학교를 설립하려던 사촌 처남 김규식의 권유로 몽골로 건너간 이태준은 뛰어난 의술로 칸황제의 주치의가 되고 전염병 퇴치에도 큰 공을 세워 '몽골의 슈바이처'로 불리고 있었다.

당시 의열단이 사용하던 폭탄은 질이 좋지 않아 불발되거나 미리 터져 단원들의 목숨을 앗아가곤 했다. 베이징에서 의열단장 김원봉을 만나 의열단에 가입한 이태준은 마자르를 김원봉에게 소개하기로 했다.

그러나 이태준은 러시아혁명 내전의 와중에 반혁명군인 백군에게 체포돼 1921년 2월 처형됐다. 마자르는 이태준과의 약속을 지키기 위해 우여곡절 끝에 1922년 여름 베이징에 있던 김원봉을 찾아왔다.

김원봉은 상하이의 민가에 폭탄 제조소를 비밀리에 설치하고 마자르가 만든 폭탄을 1923년 1월 인근 섬에서 시험했다. 결과는 만족스러웠다. 그가 만든 고성능 폭탄은 이륭양행의 도움으로 국내에 운반됐다.

마자르가 홀로 김원봉을 찾아 나서고 폭탄을 만들어 경성서울까지 운반하는 과정은 박태원이 쓴 논픽션 《약산과 의열단》에 감동적으로 그려졌고 2016년 9월 개봉돼 인기를 모은 영화「밀정」에도 등장했다.

청산리대첩 이끈 체코제 무기

독립군이 일제를 상대로 벌인 무장 투쟁 가운데 가장 빛나는 전과를 올린 것이 청산리대첩이다. 이 전투에서 맹활약한 것은 체코 군단으로부터 사들인 박격포와 기관총 등 중화기였다. 이 무기들은 어떻게 독립군 손에 들어올 수 있었을까.

1914년 제1차 세계대전이 발발하자 체코군은 식민지 종주국인 오스트리아군에 편입됐다. 동부전선인 우크라이나에서 러시아와 싸우다가 독일 · 오스트리아 동맹군의 패색이 짙어지자 러시아에 투항해 총부리를 반대로 돌렸다. 독일 · 오스트리아의 패전이 조국의 독립을 의미했기 때문에 체코 군단은 용감하게 싸웠다. 러시아로 망명한 체코인들도 의용군을 조직해 합세했다.

그러나 1917년 러시아혁명이 일어나자 러시아 볼셰비키 정부는 독일과 강화조약을 맺었다. 반혁명 세력을 누르고 정권 기반을 다지는 게 급선무였기 때문이다. 그러자 체코슬로바키아 망명정부는 프랑스와 협의해, 러시아에 있던 4만5천여 명의 체코 군단을 프랑스군에 배속해서 동맹군과 싸우도록 했다. 그런데 독일을 가로질러 서쪽으로 갈 수는 없으니 시베리아를 경유해 동쪽 끝 블라디보스토크에서 배를 타고 유럽의 서부 전선으로 이동해야 했다.

볼셰비키 정부는 독일 편을 들어 체코 군단의 무장을 해제하려 했으나 체코 군단은 이를 거부한 채 반란을 일으켰다. 볼셰비키가 자신들을 오스트리아로 인도할 것이 두려웠기 때문이다.

체코 군단은 러시아혁명 내전 속에 반혁명군(백군)에 가담해 숱한 무용담을 남겼다. 한때 볼가강 연안의 여러 도시를 점령하기도 했다. 우여곡절 끝에 블라디보스토크 항구에 도착했을 때 제1차 세계대전이 끝나 체코슬로바키아는 1918년 10월 오스트리아로부터 독립했다. 그러나 러시아 내전은 쉽사리 끝나지 않아 이들의 귀국길은 늦춰졌다.

1920년 2월이 돼서야 체코 군단은 볼셰비키 정부와 정전협약을 체결하고 배편 대신 시베리아 횡단열차를 타고 본국으로 철수하기로 했다. 이들은 무기를 팔아 여비를 마련하려 했는데 이

독립군 부대가 청산리전투를 승리로 이끈 뒤 기념촬영을 하고 있다.(좌)
중국 지린성 허룽시의 청산리대첩 기념비(우) (독립기념관 제공)

때 접근해 온 사람들이 만주와 연해주 일대의 최대 독립운동 조직인 북로군정서였다.

독립군이 체코 군단으로부터 사들인 무기는 박격포 2문, 기관총 6정, 소총 1천200정에 탄약 80만 발이었다. 오스트리아제국 군대에게 쓰려던 이 무기는 일본군을 상대로 불을 뿜게 된다.

훗날 체코슬로바키아의 골동품 시장에는 당시 한국인에게서 무기 대금으로 받았을 것으로 추정되는 금비녀, 금반지, 비단 보자기 등이 흘러나왔는데 놋요강 같은 물건도 끼어 있었다고 한다. 군자금을 마련하기 위해 당시 선조들이 얼마나 눈물겹게 모금했는지 짐작하고도 남음이 있다.

청산리대첩의 주역 가운데 하나인 이범석 장군은 "체코 군단은 오스트리아제국의 식민통치 아래서 겪어온 노예 상태를 떠올리며 우리에게 연민을 표시했고, 갖고 있던 무기를 우리에게 팔기로 결정했다"고 회고했다.

당시 체코 군단이 발행하던 신문 〈체코슬로바키아 덴니크〉지도 블라디보스토크에 주둔 중일 때 일어난 한국의 3 · 1운동을 수시로 보도하며 피식민국 조선에 동병상련의 감정을 드러냈다.

올샤 주한 체코 대사는 2009년 한국 언론과의 인터뷰에서 "블라디보스토크에 주둔한 일본군이 독립운동에 가담한 조선인 수백 명을 체포해 무자비하게 고문하고 길거리에서 사살하는 모습을 보았다는 체코 군단 군인들의 증언을 들었다"고 밝히기도 했다.

9 아메라시안의 대모 펄 벅

미국의 소설가이자 사회운동가인 펄 벅Pearl Buck은 1960년 초겨울 경주를 지나다가, 한 농부가 지게에 볏단을 진 채 소달구지를 몰고 가는 모습을 보았다. '달구지 위에 올라타고 볏단도 실으면 될 텐데 한국 농부는 왜 고생을 사서 하는 것일까?'라고 생각한 그는 농부에게 다가가 "왜 직접 볏단을 지고 가는 겁니까?"라고 물었다.

농부는 오히려 질문이 의아하다는 듯 대답했다. "오늘 우리 소는 종일 밭을 갈았소. 그러니 집에 갈 때라도 좀 가볍게 해줘야 하지 않겠소?" 벅은 농부의 말을 듣고 한국이 참 아름다운 나라라고 생각했다.

벅은 1892년 미국에서 태어난 뒤 생후 3개월 만에 선교사인 아버지를 따라 중국으로 건너갔다. 미국인 농학자인 로싱 벅과 결혼했으나 결혼 생활

••• 펄 벅 여사

이 순탄치 못해 글쓰기에 몰두했다.

1931년 소설 《대지》를 선보이고 1933년 《아들들》과 《분열된 일가》를 잇따라 펴내 3부작을 완성했다. 이 작품으로 1932년 퓰리처상을 받은 데 이어 1938년에는 미국 여성 작가로는 최초로 노벨 문학상의 영예를 안았다.

땅에 뿌리박고 사는 중국 농민 왕룽과 오란 부부의 이야기를 그린 《대지》는 세계 각국에서 출간됐고 영화로도 꾸며져 인기를 끌었다. 그러나 벅이 한국을 무대로 한 또 다른 걸작 《살아 있는 갈대》(초역 당시 제목은 '갈대는 바람에 시달려도')를 집필했다는 사실을 아는 사람은 많지 않다.

벅이 한국을 배경으로 소설을 쓰겠다고 결심한 것은 가축의 고단함까지 헤아릴 줄 아는 농부의 마음에 탄복했기 때문이다. 벅은 경주 일대를 여행할 때 감나무 끝에 매달린 10여 개의 감을 보고 "저 감들은 따기 힘들어 그냥 놓아둔 것인가요?"라고 일행에게 물었다. 그러자 "먹을 것이 부족한 겨울새들을 위해 남겨둔 까치밥"이라는 대답이 돌아왔다. 그는 또다시 탄성을 지르며 "이것만으로도 나는 한국에 잘 왔다고 생각한다"라고 털어놓았다.

그 뒤 소설 첫머리에 이렇게 썼다. "한국은 고상한 국민이 살고 있는 보석 같은 나라다. 이 나라는 주변의 세 나라 – 중국 · 러시아 · 일본에는 여러 세기 동안 잘 알려져 있어 그 가치를 인정받고 있으나 서구 사람들에겐 아시아에서도 가장 알려지지 않은 나라다."

《살아 있는 갈대》는 한미 수교가 이뤄진 1882년부터 1945년 해방 후 미군이 한반도에 진주하기까지 4대에 걸쳐 국권을 되찾으려고 헌신한 안동 김씨 일족의 이야기를 그리고 있다. 한말의 관료 김일한이 주인공이지만 중국에서 항일 투쟁을 벌이는 아들 연춘의 활약상이 핵심이다. 제목은 폭력 앞에 굴하지 않는 김연춘의 별명이기도 하다.

벅은 미국과 중국에 식품회사와 제약회사를 세워 독립운동 자금을 댔던 유한양행 창업주 유일한에게서 모티프를 얻었다고 한다. 그는 중국에서 지낼 때 한국의 독립운동가들에게 크게 감화받았고, 그 정신적 뿌리를 확인하고자 한국을 찾았다가 소설까지 썼다.

"조선인들은 대단히 긍지가 높은 민족이어서 어떤 경우에도 사사로운 복수나 자행할 사람들이 아니었다"라거나 "갈대 하나가 꺾였다 할지라도 그 자리에는 다시 수백 개의 갈대가 무성해질 것 아닙니까? 살아 있는 갈대들이 말입니다"라는 대목에서처럼 소설 곳곳에 한국인을 향한 경의와 애정이 묻어난다.

《살아 있는 갈대》는 1963년 영어와 한국어로 동시 출간돼 베스트셀러에 올랐고 〈뉴욕타임스〉가 최고의 걸작이라는 찬사를 보냈다. 벅은 한국을 소재로 한 소설을 두 편 더 발표했다.

벅의 한국 사랑은 소설 쓰기에만 그치지 않았다. 1964년 평생 모은 돈의 대부분인 700만 달러를 희사해 미국에서 펄벅 재단을 만들고 이듬해 한국을 시작으로 일본 오키나와, 대만, 필리핀, 태국, 베트남에 차례로 지부를 설립해 혼혈 고아들을 보살폈다.

고아들의 입양을 주선하고 자신도 7명을 양자로 받아들였다. 1967년 6월에는 경기도 부천시 심곡동에 보육원고아원 소사희망원을 세웠다. 1960년부터 69년까지 8차례 한국을 방문했고, 그때마다 몇 달씩 머물며 손수 아이들을 씻기고 입히고 먹였다.

그가 중국에서 오래 생활한 미국인이어서 미군과 아시아 여성 사이에서 태어난 아메라시안에 대한 관심이 남다르기도 했지만, 이들이 가부장적 분위기 탓에 버려지고 천대받는 일이 잦아 더 애정을 쏟았다. 벅은 이들을 가리켜 "세상에서 가장 가여운 아이들"이라고 표현하면서도 "앞으로 500년 뒤면 모든 인류가 혼혈이 될 것"이라며 글로벌 시대를 예견하기도 했다.

소사희망원은 유일한이 기부한 유한양행 소사공장 터 3만3천58㎡(약 1만 평)에 들어섰다. 훗날 벅은 "수백 명의 아메라시안 아이가 참석한 개원식 날이 인생에서 가장 행복했다"고 술회했다. 1975년 문을 닫을 때까지 소사희망원에는 2천여 명의 혼혈아가 거쳐 갔다. 한국 펄벅 재단은 지금도 다문화가정 자녀 지원 사업 등을 펼치고 있다.

부천시는 소사희망원 자리에 2006년 부천펄벅기념관을 세웠다. 이곳은 《살아 있는 갈대》 초판본, 80회 생일 때 소사희망원 출신들에게서 선물받은 산수화, 타자기, 가방, 머리핀 등 유품 250여 점을 전시하고 있으며 펄벅문학상 공모, 그림 그리기 대회, 문화 예술 교육 등 다양한 프로그램도 운영하고 있다.

해마다 펄 벅 여사 기일에는 추모식이 열린다. 인기 그룹 '함중아와 양키스'의 원년 멤버였던 혼혈 가수 정동권은 2017년 3월 4일 44주기 추모식에 참석해 벅 여사를 회고하고 1993년 벅 여사를 추모하며 만든 노래 '연꽃처럼 뿌리내려'를 열창했다.

주한미군 아버지와 한국인 어머니 사이에서 태어난 미국프로풋볼NFL 스타 하인스 워드는 2006년 방한한 뒤 펄벅 재단과 함께 '하인스 워드–펄벅재단'을 만들어 국내의 다문화가정 자녀들을 돕고 있다.

Chapter 02

세계 속 다문화 이야기

10 라디오·인공위성·인터넷과 지구촌 시대

1906년 12월 24일 오후 8시, 미국 매사추세츠주 브랜트록 기지국. 캐나다 출신의 발명가 레지널드 페선던은 아내 · 아들 · 조수 · 기자가 지켜보는 가운데 송신 마이크 앞에 섰다.

크리스마스이브를 축하한다는 인사말에 이어 축음기에서 흘러나오는 헨델의 '라르고'를 들려주고, 크리스마스캐럴 '오 거룩한 밤O Holy Night'을 직접 바이올린으로 연주한 뒤 '지극히 높은 곳에서는 하나님께 영광이요, 땅에서는 하나님이 기뻐하신 사람들 중에 평화로다 하니라'라는 성서 구절을 낭독했다. 마지막으로 "메리 크리스마스"라고 외치고는 "31일 밤 신년 인사를 하러 다시 오겠다"고 작별 인사를 했다. 인류 최초의 방송이 탄생한 역사적 순간이었다. 라디오의 기원이었다.

10여 일 전 페선던은 미국 북동부 연안을 항해하는 선박의 무선통신사들에게 모스부호로 '크리스마스이브와 제야에 있을 이벤트에 주의를 기울여달라'라는 메시지를 보냈다.

무슨 일일까 의아해하며 당일의 이벤트를 기다리던 무선통신사들은 '쓰쓰돈 돈쓰 돈돈돈쓰 돈돈쓰' 식으로 장단의 기계음만 내던 스피커에서 갑자기 사람의 목소리와 음악이 흘러나오자 소스라치게 놀랐다. 이 소리는 멀리 320㎞ 떨어진 곳에서도 또렷이 들렸다.

음악방송으로 가치를 인정받은 라디오의 인기는 특허권 분쟁 등에 따른 수신기의 보급 지연으로 한동안 주춤하다가 1912년 타이태닉호 침몰 사건이 일어나자 다시 탄력을 받았다. 참사 소식에 귀를 기울이는 사람들의 모습에서 라디오의 위력을 실감했기 때문이다.

미국 의회는 그해 정부 허가 규정을 담은 라디오법을 통과시켰고, 미국 해군은 브로드캐스팅broadcasting이란 신조어를 처음 사용했다. 1918년 제너럴일렉트릭GE과 미국 해군이 RCA를 설립한 데 이어 1920년 웨스팅하우스는 최초의 정시 상업 라디오방송국 KDKA를 출범했다.

KDKA는 야구와 복싱 경기를 생중계하고 증권 시황을 방송하는 등 수많은 '세계 최초'의 기록을 쌓아나갔다. 1923년이 되자 미국 전역에는 550여 곳의 방송국이 생겨났다. 1922년 0.2%에 불과하던 라디오 보급률은 1925년 10%, 1927년 20%, 1929년 30%, 1930년 40%로 급증했다.

일본은 1925년 3월 22일 도쿄에서 첫 방송을 시작했고, 우리나라에서는 1927년 2월 16일 오후 1시 최초의 라디오 전파를 쏘아 올렸다. 이로써 한반도 주민들도 세계 각국의 소식을 동시에 듣고 인기 가수의 노래에 똑같이 열광하게 됐다.

라디오 시대의 개막은 페선던 혼자만의 공로는 아니었다. 독일 물리학자 하인리히 헤르츠가 1888년 전자기파전파를 발생시키는 방법을 고안했고, 이탈리아 기술학도 굴리엘모 마르코니가 1894년 무선 송수신 실험에 성공했다. 마르코니는 1899년 영국 · 프랑스 간 도버 해협에 이어 1901년 대서양을 사이에 두고 무선통신을 주고받는 데 성공했다. 대기 상층부의 전리층이 전파를 반사해 지구 반대편까지 전달한다는 사실은 1925년이 돼서야 알려졌다.

검파 기능을 지닌 2극진공관을 개발한 영국의 존 앰브로즈 플레밍, 증폭 기능까지 갖춘 3극진공관을 발명한 미국의 리 디포리스트 등도 라디오 발명의 빼놓을 수 없는 공로자들이다.

'지구촌global village'이라는 말은 영국의 공상과학 소설가 아서 클라크가 1945년 잡지 〈와이어리스 월드Wireless World〉에 게재한 소설 '외계로부터의

••• 아서 클라크

전달'에서 처음 사용한 용어다.

그는 당시 사람들이 생각지도 못한 개념을 창안했다. 인공위성을 통한 무선통신으로 온 인류가 한동네 사람처럼 정보를 공유하고 지낸다는 설정이었다. 그는 적도 상공에서 지구의 자전 주기와 똑같이 지구 궤도를 공전해 지상에서는 멈춰 있는 것처럼 보이는 위성을 생각해냈다.

최초의 인공위성 스푸트니크 1호가 발사되기 12년 전이고 최초의 정지궤도 위성 신컴 2호가 발사되기 18년 전의 일이었다. 지구 중력과 위성의 원심력이 평형을 이루는 지상 3만5천786km 높이의 정지궤도를 그의 이름을 따 클라크 궤도라고 부른다.

선조들은 아득히 먼 하늘을 '구만리장천九萬里長天'이라고 했다. 9만 리를 미터법 단위로 환산하면 3만6천㎞로 클라크 궤도 높이와 비슷하다. 정지궤도 위성의 출현으로 전리층을 통과하는 극초단파를 이용한 TV 방송과 이동통신 등이 비로소 세계화될 수 있었다. 리우 올림픽과 러시아 월드컵 등 스포츠 경기를 생중계로 즐기고 지구 반대편과 전화 통화를 할 수 있는 것도 이 덕분이다.

진정한 지구촌 시대의 도래는 인터넷의 등장에서 비롯됐다고 해도 과언이 아니다. 1969년 미국 국방성이 군사적 목적으로 4개 대학 컴퓨터망을 연결하기 위해 구축한 아르파넷ARPANET이 인터넷의 기원이다. 이로써 전자우편이메일, 파일 전송, 정보 검색, 전자게시판, 커뮤니티 대화, 온라인 게임 등이 가능해졌다.

영국 출신의 버너스 리는 1990년 전 세계 컴퓨터를 웹브라우저로 연결하는 '월드와이드웹www'을 개발해 인터넷 상용화의 발판을 마련했다. 1994년 마크 앤드리슨과 짐 클라크는 검색 프로그램 '넷스케이프 네비게이터 1.0'을 개발해 인터넷 대중화에 불을 붙였다.

여기에 2000년대 이후 급속도로 보급된 스마트폰과 SNS사회관계망서비스 출현이 나라 간 거리를 더욱 좁히고 인류를 한 가족처럼 만들었다. 이제는 책상 위의 컴퓨터에서만이 아니라 언제 어디서나 개인용 휴대 단말기를 이용해 수시로 나라 밖 사람들과 안부를 주고받고 지구 반대편의 소식을 확인할 수 있게 된 것이다.

불교 《화엄경》에 따르면, 불법의 수호신 제석천이 사는 궁전에 인드라망이라는 그물이 드리워져 있다. 여기에는 수없이 많은 투명 구슬이 달려 있는데, 구슬마다 서로를 비추며 끝없이 이어진다. 인공위성과 인터넷의 등장 이전에도 온 세상이 촘촘한 그물로 엮여 있고, 모든 사람이 서로 영향을 주고받는다는 사실을 일찌감치 깨달은 것이다.

11 최초의 국제 구호 단체 세이브더칠드런

1918년 11월 제1차 세계대전이 막을 내리자 패전국(동맹국)인 독일과 오스트리아 등지의 거리는 굶주리는 아이들로 넘쳐났다. 전쟁의 포화가 부모들의 목숨을 앗아가고 농지와 산업 지대를 초토화한 탓도 있지만, 영국을 비롯한 승전국(연합국)들이 동맹국들에 물자가 들어가지 못하게 봉쇄 정책을 폈기 때문이다.

이듬해 4월, 영국 런던의 트래펄가 광장에서 교사 출신의 중년 여성 에글랜타인 젭이 전단을 돌리다가 체포됐다. 전단에는 극심한 영양실조에 시달리는 오스트리아 아이의 사진과 함께 "영국이 아이들을 굶겨 죽이고 있다"라는 문구가 적혀 있었다.

젭은 적국을 이롭게 한다는 혐의로 유죄 판결을 받았다. 그러나 "국적이나 정치적 입장과 관계없이 아이들을 도와야 한다"는 호소가 재판부의 마음을 움직여 5파운드(약 7천300원)라는 상징적인 벌금만 내고 풀려났다.

젭은 연합국들이 봉쇄 정책을 철회할 움직임을 보이지 않자 직접 기금을 모아 돕기로 결심했다. 재판이 끝나고 며칠 뒤인 5월 19일 런던의 로열앨버트홀에서는 '세이브더칠드런 펀드Save the Children Fund' 창립 모임이 열렸다. "적국의 아이들을 위해 돈을 모으려는 배신자"라는 비난도 있었지만 모임은 성공적으로 끝났다.

젭은 이날 이렇게 연설했다. "우리에게는 단 한 가지 목적이 있습니다. 한 명의 아이라도 더 구하는 것입니다. 우리에게는 단 한 가지 규칙이 있습니다. 그 아이가 어느 나라 아이건, 어떤 종교를 가졌건 상관없이 구해야 한다는 것입니다."

젭은 창립 모임에서 거둔 돈으로 기부금 모금 광고를 내 12만 파운드(약 1억7천500만 원)의 기금을 모았다. 역사상 최초의 기부금 광고 캠페인이었다. 1920년 1월 6일에는 스위스 제네바에서 '국제 세이브더칠드런 펀드 연합Save the Children Fund International Union'을 출범하고 본격적인 구호 활동에 나섰다.

젭은 1923년 '아동은 정상적인 발달을 위해 필요한 물질적 · 도덕적 · 정서적 지원을 받아야 한다' 등 5개 항으로 된 아동권리선언문을 발표했다. 이는 이듬해 국제연맹 총회에서 '아동 권리에 관한 제네바 선언'이라는 이름으로 채택된 데 이어 유엔아동권리협약의 모태가 됐다.

젭은 1928년 52세의 나이로 생을 마감했지만 그가 만든 세이브더칠드런은 29개 회원국, 7개 지역 사무소와 80여 개 국가 사무소를 거느리고 약 120개국에서 활동하는 세계 굴지의 국제 구호 개발 NGO로 성장했을 뿐 아니라, 유니세프 · 월드비전 · 컴패션 · 국제기아대책기구 등 다른 아동 구호 단체들의 롤모델이 됐다.

"모든 전쟁은 아이들을 대상으로 치러진다", "세상은 비정하지 않다. 다만 상상력이 모자라고 매우 바쁠 뿐이다", "오늘 우리가 돕는 이가 내일 우리를 도울 것이다", "유일한 세계 공용어는 어린아이의 울음소리다", "모든 세대의 아이들은 황폐해진 세계를 다시 건설할 가능성을 인류에게 제공해 준다" 등 그가 남긴 말도 전 세계 활동가와 자원봉사자 들에게 영감과 열정의 원천이 되고 있다.

세이브더칠드런 코리아는 한국전쟁이 끝나던 1953년 영국 · 미국 · 캐나다 · 스웨덴 4개 세이브더칠드런 회원국이 힘을 합쳐 세웠다. 전쟁고아 돕기에서 시작해 농촌과 지역사회 개발 등으로 사업 영역을 확대했으며, 1996년 중국 네이멍구 농촌 지역에 기초교육을 지원한 것을 시작으로 해외 어린이 돕기에 적극 나서고 있다. 세이브더칠드런 인터내셔널에는 1981년 회원국으로 가입했다.

세이브더칠드런 회원국들의 4대 핵심 과제는 보건 · 영양, 교육, 아동 보호, 아동 권리 제도 개선이다. 특히 5세 미만 영 · 유아 사망자가 한 해 500만 명이 넘는 현실을 타개하기 위해 전 세계 모든 아이가 다섯 번째 생일을 맞을 수 있도록 돕자는 '하이파이브Hi5 캠페인'을 펼치고 있다.

세이브더칠드런 코리아도 세이브더칠드런 인터내셔널의 글로벌 사업에 적극 참여하는 한편 독자적인 다양한 캠페인을 진행하고 있다. 아프리카 결식아동에게 영양을 공급하고 생계에도 보탬을 주고자 '빨간 염소 보내기'에 앞장서는가 하면, 일교차가 심한 아프리카에서 신생아들의 체온을 유지

••• 2017년 세이브더칠드런 국제어린이마라톤에 참가한 어린이와 부모가 말라리아 체험존을 지나고 있다.(세이브더칠드런 코리아 제공)

하기 위해 뜨개질 모자를 보내는 운동을 펼치고 있다. 2007년부터 10년간 국내 후원자 78만8천380명이 170만4천152개의 모자를 손수 털실로 떠서 보냈다.

아프리카 여아들이 학교에 다닐 수 있도록 하자는 '스쿨 미School Me'도 세이브더칠드런의 대표적인 캠페인이다. "달리는 것만으로도 남을 도울 수 있습니다. 어린이가 어린이를 돕습니다"라는 슬로건 아래 국제어린이마라톤도 열어 빈곤국 어린이들을 지원하고 있다.

우리나라에서는 2011년 서울을 시작으로 차츰 개최지를 늘려 지금은 부산 · 대구 · 전주 · 세종 등 5개 도시에서 대회를 치르고 있다. 참가자들은 4㎞ 단축 코스를 뛰며 구간마다 마련된 체험 존에서 말라리아, 저체온증, 영양실조, 식수 부족 등의 심각성을 깨닫는다.

국내 어린이를 위해서도 지역아동센터 건립, 농어촌 놀이터 설치, 위기가정 아동과 난민 아동 지원, 아동 학대 예방과 치료, 가정위탁지원센터 운영, 아동 권리 교육, 다문화 인식 개선, 이중 언어 교육, 영 · 유아 보육, 저소득 가정 아동 진료비 지원 등의 사업을 전개하고 있다. 2017년에는 '어린이 옹호활동가 캠프'를 진행하며 여기서 나온 의견을 서울과 부산 등 지자체에 전달하고 유엔에도 제출했다.

1세기 전 독일과 오스트리아 아이들이 주린 배를 움켜쥐고 쓰러지자 영국의 중년 여성을 따라 서유럽의 많은 독지가가 지갑을 열었다. 한국의 고아들이 거리에서 먹을 것을 구걸하던 60여 년 전에는 서방 선진국의 구호단체들이 도움의 손길을 내밀었다.

이제는 한국이 도움을 받던 나라에서 도움을 주는 나라로 탈바꿈해, 구호물자로 배고픔을 달랬던 이들과 그 자녀들이 아시아 · 아프리카 · 중남미의 어린이들을 돕고 있다. '오늘 우리가 돕는 이가 내일 우리를 도울 것'이라는 젭의 예언이 실현된 것이다.

정태영

• 세이브더칠드런 코리아 사무총장 •

세이브더칠드런 코리아의 정태영 사무총장은 서울대 경영학과를 졸업하고 1985년 대우증권에 입사해 IB사업부문장, IB사업부문 대표, 글로벌사업부문 대표(부사장), 전략기획본부장(부사장) 등을 역임했으며 2014~2017년 대신증권 IB사업단장(부사장)을 지냈다.
2018년 초 공모 절차를 거쳐 3월에 사무총장으로 취임했다. 4월 4일 오후 서울 마포구 창전동의 세이브더칠드런 코리아 사옥에서 만나 세이브더칠드런의 활동 방향과 포부 등을 물어보았다.

세이브더칠드런의 장점과 특징은 무엇인가.

세이브더칠드런은 1919년 인류 최초로 아동 권리를 주창하며 영국에서 창립됐다. 세이브더칠드런의 역사가 아동 권리의 역사나 다름없다. 역사가 오래되고 브랜드 가치가 높아 내가 낸 돈이 효과적으로 잘 쓰일 것이라는 믿음을 준다. 후원 계좌를 통해 돈만 내고 마는 것이 아니라 털모자 뜨기와 어린이마라톤처럼 후원자들이 직접 참여하는 프로그램도 뛰어나다.

세이브더칠드런 코리아가 다른 나라 세이브더칠드런 조직보다 앞선 점은 무엇인가.

세이브더칠드런 코리아는 28개 회원국 가운데 7위에 랭크돼 있다. 1953년부터 세이브더칠드런의 도움을 받다가 도움을 주는 나라로 탈바꿈한 유일한 사례다. 따라서 도움을 받는 나라의 심정을 잘 이해하고 있으며 어떻게 경제 개발을 해야 할지 노하우도 알고 있다. 다른 나라보다 개인 후원자(26만 명)가 많은 것이 특징이자 장점이기도 하다.

사무총장 3년 임기 동안 꼭 이루고 싶은 목표는 무엇인가.

예전 같으면 후원금이나 수혜자 규모 등의 목표를 제시하고 실행 계획을 세웠을 텐데 NGO는 추구하는 가치가 달라서, 그런 방식을 택하면 부작용을 낳는다. 세이브더칠드런 직원들도 보수나 승진 등을 바라고 일하는 것이 아니다. 세이브더칠드런 코리아의 신뢰도와 인지도가 올라가고, 후원자의 만족도와 직원들의 자부심이 높아질 수 있도록 내가 지닌 네트워크를 최대한 활용하고 경험과 역량을 쏟아붓겠다.

국제사회의 노력에도 불구하고 전 세계적으로 빈곤 · 기아 · 질병 · 난민 등의 문제가 개선되기는커녕 갈수록 심각해지는 느낌이다.

1900년대 두 차례 세계대전을 거치며 국제 구호 개발 기구 등도 발전했다. 21세기 들어서는 새천년개발목표MDGs와 지속가능개발목표SDGs를 추진하며 성과를 내고 있다. 예를 들어 전 세계의 5세 미만 영유아 사망자가 2000년 970만 명에 달했는데 2015년에는 590만 명으로 줄었다. 개인의 힘은 작지만 기부나 자원봉사 등을 통한 작은 변화가 사회를 바꾸고 더 나은 세상을 만든다.

경기 침체와 청년 실업 등의 영향 탓인지 "우리나라에도 굶는 사람이 많은데 왜 외국을 도와주느냐"라는 불만의 목소리도 있다.

우리나라는 한때 해외 원조를 가장 많이 받던 나라였다가 세계 10위권의 경제 강국으로 도약했다. 우리도 국제사회의 일원으로 빈곤국을 도와야 할 책무가 있다. 그렇다고 세이브더칠드런이 국내 아동을 외면하는 것도 아니다. 지역아동센터, 아동보호전문기관, 가정위탁지원센터 등을 운영하며 학대, 빈곤, 소외 등에 시달리는 아이들을 지원하고 있고 아동 권리 교육, 다문화 인식 개선 교육 등도 펼친다.

남북 관계가 전환점을 맞아 북한 어린이 돕기에도 관심이 쏠린다.

세이브더칠드런 인터내셔널은 북한에 홍수 피해 복구, 보건 · 영양 지원, 의료 시설 개보수 등의 사업을 펼쳐왔는데 국제사회의 경제 제재로 인해 위축됐다. 남북 교류의 물꼬가 트이는 만큼 세이브더칠드런 코리아도 독자적 지원을 모색할 방침이다.

12 '빈곤 퇴치의 날'과 가난 해결책

1987년 10월 17일 프랑스 파리의 트로카데로 광장. 1948년 12월 10일 세계인권선언이 발표돼 '인권과 자유의 광장'이라고도 불리는 이곳에서 10만 명이 운집한 가운데 '절대빈곤 퇴치 운동 기념비' 제막식이 열렸다.

비석에는 "가난이 있는 곳에 인권 침해가 있다. 인권을 보호하는 것은 우리의 의무다"라는 글귀가 새겨졌다. 이날 행사를 주도한 이는 조제프 레신스키Joseph Wresinski 신부였다.

프랑스 앙제의 가난한 이민자 집안에서 태어난 그는 1946년 천주교 사제로 서품된 뒤 1956년 파리 인근의 난민 캠프에서 사목 활동을 하다가 이듬해 난민들과 함께 빈곤 퇴치를 위한 모임을 결성했다. 이것이 훗날 국제 비영리단체 'ATDAll Together in Dignity to Overcome Poverty 제4세계'로 발전했다.

레신스키 신부는 "가난한 이들에게 가장 필요한 것은 옷과 음식이 아니라 인간의 존엄성"이라고 강조하며 빈곤 퇴치와 빈곤에 대한 인식 개선 운동에 앞장섰다. 1992년 유엔은 레신스키 신부의 뜻을 기려, 그가 파리에 기념비를 세운 10월 17일을 '국제 빈곤 퇴치의 날International Day for the Eradication of Poverty'로 정해 매년 기념행사를 하고 있으며 1996년 뉴욕의 유엔 정원에 복제 기념비를 세웠다.

세계은행이라고 불리는 국제부흥개발은행IBRD은 하루 평균 1.9달러(약 2천420원) 이하로 생활하는 사람을 빈곤층으로 규정하고 있다. 이 기준은 1.25달러였다가 2015년 상향 조정된 것이다.

••• 아이들과 함께 포즈를 취한 조제프 레신스키

IBRD가 2016년 발간한 보고서에 따르면, 세계의 빈곤 인구는 1990년대 이후 꾸준히 감소 추세를 보여 1993년 인류의 33.5%인 18억5천500만 명에서 20년 뒤인 2013년 7억6천700만 명(10.7%)으로 줄어들었다.

그러나 아동들의 현주소를 보면 여전히 참담하다. 세이브더칠드런이 2017년 6월 1일 세계 아동의 날을 맞아 발표한 보고서는 하루에 1만6천여 명의 아이가 5번째 생일을 맞기도 전에 숨지고, 5세 미만 아동의 25%인 1억5천600만 명이 영양실조로 신체적 성장과 정서 발달 저해를 경험한다고 고발하고 있다.

전 세계 취학 연령 아동 6명 가운데 한 명꼴인 2억6천300만 명이 학교에 가지 못하고, 유럽의 전체 아동 숫자보다 많은 1억6천800만 명이 노동을 하고 있으며, 7초마다 15세 이하 여아가 결혼하고 있다.

세이브더칠드런의 2018년 발표에 따르면 전 세계 어린이 절반을 넘는 12억 명이 빈곤, 분쟁, 소녀들에 대한 차별의 위험에 놓여 있는 것으로 나타났다. 전 세계 175개국 가운데 95개국에서 어린이들의 상황이 개선됐지만 40개국에서는 악화됐다.

유엔은 2000년 9월 뉴욕 유엔 본부에서 191개국 대표가 참석한 가운데 밀레니엄 정상회의를 열어, 2015년까지 빈곤 인구를 절반으로 줄이는 것을 비롯해 교육 보급, 여권 신장, 질병 퇴치 등 8가지 새천년개발목표MDGs 달성에 노력하기로 약속했다. 그 결과 5세 미만 영유아 사망자를 2000년 970만 명에서 2015년 590만 명으로 줄이고 초등학교 취학률을 15년 만에 83%에서 91%로 높이는 등 적지 않은 성과를 거뒀으나 분쟁과 기후변화 등으로 인한 난민은 오히려 늘어났다.

유엔은 2015년 총회에서 MDGs 성과를 보고받은 뒤 빈곤 퇴치, 기아 종식, 불평등 감소 등 17가지 지속가능개발목표SDGs를 새로 정해 2030년까지 추진하기로 결의했다.

절대빈곤의 기준이 1.9달러지만 부탄이나 중국 서남부에서는 하루 1달러 미만으로도 큰 불편 없이 살아가는가 하면, 미국에서는 하루 수십 달러를 쓰면서도 상대적 빈곤에 허덕이기도 한다. 빈곤의 원인도 한두 가지로 잘라 말하기 어렵다. 빈곤은 부존자원이나 통치 체제에 영향을 받기도 하고 전쟁이나 자연재해가 갑자기 초래하기도 한다.

사회 구조적 원인에 무게를 두는 시각과, 개인의 게으름이나 무기력이 문제라는 주장이 대립해온 것은 어제오늘의 일이 아니다. 빈곤의 기준이 각기 다르고 원인에 대한 해석이 엇갈리다 보니 빈곤 퇴치를 위한 대책도 다양하다.

빈곤은 나라 밖의 문제만은 아니다. 우리나라는 2017년 기준으로 기초생활보장 수급자가 158만여 명에 이르며, 부양가족이 있다는 이유 등으로 제도의 사각지대에 놓여 복지 혜택을 받지 못하는 비수급 빈곤층도 2015년 기준으로 93만 명을 헤아린다. 사회 양극화는 갈수록 심화하고 있으며 불평등 지수도 선진국 가운데 가장 높은 미국을 곧 추월할 전망이다.

민달팽이유니온 · 전국빈민연합 · 전국장애인차별철폐연대 등 50여 개 단체가 참가한 '2017 빈곤 철폐의 날 조직위원회'는 2017년 10월 14일 서울 동대문디자인플라자DDP 앞에서 가두 행진을 펼쳤다.

참가자들은 DDP에서 종로를 지나 세종문화회관 앞까지 행진하며 장애등급제 폐지, 노점상 강제 철거 중단, 공공주택 확충과 전 · 월세 상한선 도입 등을 촉구했다. 이어 세종문화회관 앞에서 '빈곤 철폐의 날 투쟁대회'를 열고 "빈곤은 국제기구의 한시적인 구호나 원조로 퇴치되는 것이 아니라 불평등과 빈곤을 심화시키는 사회 구조에 맞서 가난한 이들이 함께 힘을 모아 싸울 때 철폐할 수 있다"라고 주장했다.

'가난 구제는 나라님도 못 한다'라는 속담이 있다. 빈곤층을 없애기가 그만큼 어렵다는 뜻이지만 예부터 가난 구제는 나라의 책무였고 복지국가는 현대 사회의 이상이다. '가난 구제는 지옥의 늪'이라는 말도 있다. 가난한 사람을 돕다 보면 자칫 어려운 처지에 빠질 수 있음을 경계하는 말이다. 그러나 오래전부터 자선은 인간의 도리이자 천국행 열쇠라고 믿어왔다.

개인의 노력 없이 빈곤에서 벗어나기가 쉽지 않고 일회성 도움보다는 구조적 빈곤 원인을 없애려는 노력이 중요하다 해도 당장 도움의 손길을 내밀지 않으면 밥을 굶고 목숨을 잃는 사람을 외면할 수는 없는 일이다.

유엔난민기구UNHCR · 유엔아동기금UNICEF · 유엔개발계획UNDP · 세계식량계획WFP · 국제이주기구IOM 등 국제기구의 빈곤 퇴치 노력을 응원하고 세이브더칠드런 · 월드비전 · 어린이재단 · 굿네이버스 · 컴패션 · 기아대책 · 지구촌공생회 등 국내외 구호 단체에 힘을 보태야 한다.

인간에게 가장 무서운 동물, 모기

사람에게 가장 위험한 동물은 무엇일까? 백수의 왕으로 꼽히는 사자일까, 옛날 어린이들이 가장 무서워했다는 호환의 주인공 호랑이일까? 아니면 맹독을 지닌 뱀인가? 정답은 눈에도 잘 보이지 않을 정도로 작은 모기다.

빌&멀린다 게이츠 재단이 2016년 발표한 통계에 따르면, 모기에 물려 말라리아 · 뇌염 · 뎅기열 등에 감염돼 목숨을 잃는 사람은 한 해 72만5천 명으로 뱀(5만 명), 개(2만5천 명), 악어(1천 명) 등 다른 동물로 인한 사망자를 모두 합친 것보다 많다. 모기가 옮기는 감염병 가운데 가장 흔하고 치명적인 것은 말라리아다. 아프리카에서는 말라리아에 걸린 어린이가 1분에 한 명꼴로 숨진다.

말라리아는 이탈리아어로 '나쁘다'라는 뜻의 'mal'과 '공기'라는 뜻의 'aria'가 합쳐진 말이다. 예전에는 나쁜 공기를 통해 전파되는 것으로 알려져 그런 이름이 붙었다가 1907년 프랑스의 알퐁스 라브랑이 모기가 매개체라는 사실을 알아내 노벨상을 받았다. 우리나라에서는 말라리아를 학질이라고 불렀는데, 어렵고 힘든 일로 진땀 빼는 것을 빗대 '학(질)을 떼다'라고 한다.

말라리아는 열원충(말라리아원충)에 의해 발병한다. 사람에게 감염되는 열원충은 열대열 · 삼일열 · 사일열 · 난형열 4가지가 있고, 삼일열이 가장 흔하지만 사람을 죽이는 것은 주로 열대열이다.

모기에 물리면 모기 침샘에 있던 열원충이 몸에 들어와 간에서 잠복기를 보내며 증식한 뒤 적혈구로 침입해 오한 · 발열 · 발한 · 설사 · 두통 · 복통 · 근육통 등을 일으킨다. 열대열 말라리아에 걸리면 고열이 지속되지만 삼일열과 난형열은 48시간, 사일열은 72시간 주기로 열이 났다가 오한이 든다.

말라리아가 무서운 것은 뇌에 침투해 병변을 일으키기 때문이다. 열원충이 흡착해 뇌혈관을

국제 구호 단체들은 말라리아 감염의 위험을 줄이고자 살충 모기장을 지원하고 있다. 모기장을 받고 기뻐하는 아프리카 모자.(한국유니세프 제공)

막아버리면 환자는 혼수상태에 빠진다. 이런 증세는 어린이에서 잘 일어난다. 아직은 특효약도 없다.

말라리아 발생 지역에 사는 전 세계 인구는 약 33억 명에 이른다. 매년 2억 명이 넘는 환자가 발생하고 이 가운데 43만여 명이 숨지는데, 사망자의 87%는 5세 미만의 아프리카 아동이다. 2002년과 2003년 전 세계를 공포로 몰아넣은 사스(중증급성호흡기증후군)로 사망한 사람이 744명이고, 2012년부터 2016년까지 메르스(중동호흡기증후군)로 목숨을 잃은 사람이 645명인 것에 비하면 말라리아가 얼마나 무서운지 짐작할 수 있다.

말라리아는 우리나라에서 1984년 사라진 것으로 알려졌다가 1990년대 들어 다시 나타났다. 북한에 살던 모기들이 먹을 것이 없어 남쪽으로 내려왔기 때문이라고 한다. 발병 지역도 인천시 강화, 경기도 파주 · 연천, 강원도 철원 등 북한 접경 지역에 집중돼 있다. 2000년에 감염자가 4천 명까지 치솟았다가 줄어들었으나, 2013년에 증가세로 돌아서서 2014년에 638건, 2015년 669건이었다. 경기도 등의 북한 말라리아 방역 지원이 남북 관계 경색으로 2012년 중단된 것이 영향을 미친 것으로 풀이된다.

우리나라에서 발생하는 말라리아 종류는 증상이 가볍고 치료제도 잘 듣는 삼일열이지만, 열대 지방을 여행할 때는 조심해야 한다. 해마다 100명 가까운 해외여행객이 말라리아에 걸려 귀국한다. 1999년에는 탤런트 김성찬 씨가 KBS 2TV 「도전 지구탐험대」 촬영을 위해 라오스로 떠났다가 말라리아에 걸려 숨졌다.

4월 25일은 '세계 말라리아의 날'이다. 2000년 아프리카 정상회의에서 '아프리카 말라리아의 날'이 제정됐다가 2007년 세계보건기구(WHO) 총회 결의에 따라 이듬해부터 '세계 말라리아의 날'로 확대됐다. 유엔 재단을 비롯한 국제기구와 구호 단체는 해마다 말라리아의 날을 맞아 살충 처리 모기장, 말라리아 예방약과 진단 키트 등을 발병 지역에 보내는 사업을 펼치고 있다.

13 킹 목사가 품은 차별 철폐의 꿈

"제가 죽으면 저를 위해 길게 장례식을 치르지 마십시오. 긴 조사弔辭도 필요 없습니다. 제가 노벨상 수상자이고 그 밖에 많은 상을 받았다는 사실도 언급하지 마십시오. 그것은 하나도 중요하지 않습니다. 전 다른 사람을 위해 살고자 노력했고, 다른 사람을 사랑하려 했으며, 전쟁에 대해 올바른 입장을 취했다는 평가를 받고 싶습니다. 또 배고픈 사람에게 먹을 것을 주고 헐벗은 사람들에게는 입을 것을 주려고 힘썼으며 인간다움을 지키고 사랑하는 데 몸 바친 사람으로 기억되기 바랍니다."

마틴 루서 킹 주니어Martin Luther King Jr. 목사는 자신에게 곧 닥쳐올 운명을 예감한 듯 1968년 2월 4일 고향인 미국 조지아주 애틀랜타의 에버니저 교회에서 비장한 표정으로 이같이 설교했다.

그로부터 두 달 뒤인 4월 4일 오후 테네시주 멤피스에서 총성이 울렸다. 환경미화원들의 파업을 지원하기 위해 멤피스를 찾은 킹 목사는 숙소인 로레인모텔 306호 발코니에서 거리의 군중과 이야기하다가 머리에 총탄을 맞고 병원으로 옮겨지던 중 과다 출혈로 1시간 만에 숨을 거뒀다.

범인인 제임스 얼 레이는 6월 8일 영국 런던에서 체포돼 99년 징역형을 선고받았다. 킹 목사의 피살을 둘러싸고 미국연방수사국FBI과 군부 배후설 등 온갖 음모론이 제기됐으나 아무것도 밝혀지지 않은 채 레이는 1998년 교도소에서 사망했다.

킹 목사가 백인우월주의자에게 살해됐다는 소식이 알려지자 분노한 흑인들은 미국 전역의 168개 도시에서 시위를 벌였다. 시위는 폭동으로 번져 46명이 죽고 2만1천여 명이 부상하고 2천600여 곳이 불에 탔다.

린든 존슨 대통령이 국장일로 선포한 4월 9일 애틀랜타 에버니저 교회에서 열린 영결식에서는 두 달 전 킹 목사가 이곳에서 설교할 때 녹음된 육성이 흘러나왔다. 백인들까지 애도하는 가운데 시신은 애틀랜타 묘지에 묻혔다. 석관에는 그가 한 연설 '나에게는 꿈이 있습니다I have a dream'의 마지막 문장인 "마침내 제가 자유로워졌나이다!"가 새겨졌다.

마틴 루서 킹 목사의 원래 이름은 마이클 킹 주니어였다. 침례교 목사인 마이클 킹 시니어는 아들이 5세 때 서독을 방문하고 돌아와 종교개혁가 마르틴 루터를 기리는 뜻에서 자신과 아들의 이름을 마틴 루서(마르틴 루터의 미국식 발음)로 바꿨다.

킹 주니어도 크로저 신학교를 졸업하고 목사가 돼 1954년 앨라배마주

몽고메리시의 교회에서 목회를 시작했다. 이듬해 12월 몽고메리에서 시작된 '버스 보이콧' 운동은 그를 저명한 흑인 민권운동가로 만들었다.

당시 몽고메리는 버스에 흑백 좌석을 분리하는 조례를 채택해 앞좌석에는 백인, 뒷좌석에는 흑인이 앉도록 했다. 40대 흑인 여성 로자 파크스는 흑인 좌석 맨 앞줄에 앉아 있었는데도, 백인 승객이 넘쳐 자리가 모자라자 운전기사는 그에게 좌석을 양보하고 뒷자리로 옮길 것을 요구했다. 이를 거부했다는 이유로 파크스가 경찰에 체포되자 킹 목사는 버스 탑승 거부 운동을 주도해 "인종 간 버스 좌석 분리는 위헌"이라는 연방대법원의 판결을 끌어냈다.

••• 1963년 8월 마틴 루서 킹 목사가 워싱턴DC 링컨기념관 앞에 모인 군중을 향해 손을 흔들고 있다.

1960년을 전후해 미국에서는 흑백 갈등으로 인한 유혈 충돌이 곳곳에서 일어났다. 인종차별주의자들이 잔인한 폭력을 동원해 흑인들을 탄압하자 흑인들의 투쟁도 격렬해졌다. 그런 가운데서도 킹 목사는 비폭력 투쟁 노선을 고수하며 흑인에게는 자긍심을 불어넣고 백인에게는 부끄러움을 깨닫게 했다.

노예 해방 선언 100주년을 맞아 1963년 8월 28일 워싱턴DC에서는 인종차별 철폐와 직업 · 자유를 촉구하는 군중 25만 명이 운집해 국회의사당 앞에서 링컨기념관 앞까지 행진했다. 5명 가운데 1명꼴로 백인의 모습도 보였다.

행진이 끝나고 연단에 오른 킹 목사는 역사에 길이 남을 명연설을 했다. "저에게는 꿈이 있습니다. (중략) 네 자녀가 피부색이 아니라 인격에 따라 평가받는 그런 나라에 살게 되는 날이 오리라는 꿈입니다."

1964년 1월 〈타임〉지는 그를 올해의 인물로 선정했다. 그해 10월에는 역대 최연소로 노벨 평화상 수상자에 선정됐다. 이를 계기로 킹 목사는 흑인차별 철폐 운동에만 머물지 않고 시야를 넓혔다. 노동조합과 손을 잡고 노동자들의 권익 향상에 힘쓰는가 하면, 베트남전 참전 희생자가 대부분 빈민 청년이라는 점에 주목해 반전 운동에도 뛰어들었다.

그의 노선을 놓고 흑인운동 진영 안에서도 비판이 일었고 성 추문과 논문 표절 등 각종 의혹과 논란에 시달리기도 했지만 비운의 죽음은 모든 허물을 덮고 그를 위대한 민권운동가로 만들었다. 미국 성공회와 루터교회는 성인聖人으로 추대했다.

로널드 레이건 대통령은 미국인 가운데 처음으로 그의 이름을 딴 국가

공휴일(마틴 루서 킹 주니어의 날)을 제정해, 미국은 1986년부터 1월 셋째 월요일에 기념행사를 펼치고 있다. 미국 730개 도시에 그의 이름을 딴 거리가 생겼고, 곳곳에 기념관이 들어섰으며, 2011년 8월 워싱턴DC 내셔널몰에 대형 석상이 세워졌다.

2018년 3월 24일 워싱턴DC에서는 80만 명을 헤아리는 군중이 국회의사당에서 백악관을 잇는 펜실베이니아 애비뉴를 가득 메웠다. 2월 14일 총기 참사가 일어난 플로리다주 마저리 스톤맨 더글러스 고교 학생들이 앞장섰고, 전국 각지의 학생과 시민이 모여 총기 규제 법안 제정을 촉구했다.

55년 전 킹 목사가 열변을 토하던 이 자리에서 그의 아홉 살 손녀 욜란다 킹은 이렇게 호소했다. "할아버지에겐 네 자녀가 피부색이 아닌 인격으로 평가받는 나라에 사는 날이 오리라는 꿈이 있었습니다. 지금 제게도 꿈이 있습니다. 바로 총기 폭력이 없는 세상입니다."

차별과 탄압에 맞서 비폭력 저항 운동을 펼치다가 희생된 킹 목사는 인류의 가슴속에 인권과 평화와 상징으로 다시 살아났다. 그가 이끈 워싱턴 대행진은 이후 비폭력 평화 집회의 롤모델이 됐고, 그가 품은 차별 철폐의 꿈은 유색인종 · 빈민 · 이주민 · 여성 · 장애인 등 전 세계 소수자와 약자의 가슴에 새겨졌다.

14 우열도 없고 성격과도 무관한 혈액형

의학 역사상 가장 많은 목숨을 구한 위대한 발견은 무엇일까. 다름 아닌 ABO식 혈액형의 발견이다. 이전에는 부상이나 수술 · 출산 중에 과다 출혈로 숨지는 일이 많았으나 수혈이 가능해지면서 위험성이 크게 줄었다.

피가 온몸을 순환한다는 사실이 밝혀진 것은 1613년이다. 그때부터 모자라는 피를 보충하거나 노쇠한 몸의 피를 건강한 피로 바꿔보려는 시도가 꾸준히 이어졌다. 처음에는 동물의 피를 주입했다가 나중에는 사람의 피를 넣었다.

그러나 모든 수혈이 실패로 끝날 수밖에 없었다. 성공한 듯 보이는 사례도 있었으나 다음 시도에서는 실패가 반복됐기 때문에 안심하고 수혈할 수가 없었다. 나중에야 의문이 풀렸지만, 혈액형이 다른 피가 섞이면 적혈구가 엉기는 응집 현상이 일어나 모세혈관을 막기 때문이었다.

이런 사실을 알아낸 이가 오스트리아 출신의 병리학자 카를 란트슈타이너Karl Landsteiner다. 유대인인 그는 당시 유대인은 의사가 될 수 없다고 규정한 오스트리아-헝가리 제국의 법령 때문에 대학 때 가톨릭으로 개종했다.

그는 오스트리아 빈 대학 병리해부학연구소에서 자신과 연구원들의 피를 뽑아 여러 가지 조합으로 실험해본 결과 피를 엉기게 하는 응집소가 두 가지 있다는 사실을 확인했다. 각기 다른 응집소를 보유한 혈액형을 각각 A형과 B형으로 구분하고, 두 응집소와 섞여도 엉기지 않는 혈액형은 C형이라고 명명했다.

란트슈타이너는 이 내용을 담은 논문 '정상인 혈액의 응집 현상'을

••• 카를 란트슈타이너

1901년 11월 14일 발표했다. 이듬해에는 그의 제자들이 두 응집소와 모두 반응하는 AB형을 찾아냈다.

1923년 미국 록펠러의학연구소로 옮긴 란트슈타이너는 그때까지 1, 2, 3, 4 혹은 A, B, C, AB로 나라마다 다르게 불리던 혈액형을 A, B, O, AB로 통일하자고 제창했다. C형은 응집원이 모두 없다는 의미로 숫자 '0형'으로 불렀다가 나중에 알파벳 'O형'으로 굳어졌다.

란트슈타이너는 ABO식 혈액형 말고도 1926년 MN식 혈액형과 P 혈액형을 더 발견했고 1940년 Rh 혈액형도 찾아냈다. 이 밖에도 여러 학자의 추가 발견으로 혈액형은 모두 150여 가지에 이른다.

이 가운데 국제수혈학회가 주요 혈액형 분류법으로 고지하는 것은 30여 가지이며, 수혈 때 반드시 구분해야 하는 혈액형은 ABO와 Rh뿐이다. 란트슈타이너는 이 공로로 1930년 노벨 생리의학상을 받았다.

혈액형의 존재가 알려지자 지역별 · 인종별 혈액형 분포를 집계해 그 차이와 의미를 밝혀내려는 움직임이 나타났다.

폴란드 출신의 루트비히 히르슈펠트는 8천500여 명의 혈액형을 분류해 인종계수를 산출한 뒤 "진화한 민족일수록 B형보다 A형이 많다"라는 연구 결과를 1919년 발표했다. 인종계수는 A형 인구를 B형 인구로 나눈 값이다. 서유럽인은 모두 2.0을 넘었고 흑인과 아시아인은 그 이하였다. 유대인과 러시아인은 1.3에 그쳤으며 흑인은 0.8이었다. 인도인과 베트남인은 0.5에 불과했다.

이를 본격적인 민족우월주의로 연결해 식민지 지배나 전체주의에 활용하려는 시도도 등장했다. 1922년 경성의학전문학교 외과교실의 기리하라

신이치桐原眞一 교수와 제자 백인제는 조선 거주 일본인의 인종계수는 1.78인 데 비해 조선인은 평균 1.07로 나왔다고 발표했다. 기리하라 교수는 일본인이 조선인보다 서구에 가깝다는 사실을 내세워, 아시아에서 벗어나 유럽으로 진입한다는 '탈아입구脫亞入歐'의 논리를 두둔했다. 이와 함께 경기(1.00)와 평북(0.83)보다 전남(1.41)이 일본과 유사성을 보인다며, 일본과 조선이 하나가 되자는 '내선일체內鮮一體'의 당위성을 시사했다.

독일의 인류학자 오토 레헤도 히르슈펠트의 연구 결과를 인종차별의 근거로 사용하려 했다. 심지어 독일 나치 정권은 우생학을 내세워 유대인의 말살을 꾀하는 단종법斷種法을 제정하기도 했다.

그러나 이 모든 시도는 과학적 근거가 없음이 밝혀졌다. 혈액형뿐 아니라 피부 빛깔이나 모발의 형태 등 그 어떤 신체적 차이도 종족 간의 우열을 나타내는 지표로 사용될 수 없다는 것이 현대 과학의 통설이다.

미국의 석학 재러드 다이아몬드도 저서 《총, 균, 쇠》에서 "미국의 수많은 심리학자가 아프리카에서 건너온 흑인들이 유럽에서 건너온 백인보다 선천적으로 지능이 낮음을 입증하려고 수십 년 동안 노력했지만 허사였다"라고 지적했다.

혈액형과 성격의 연관성을 밝혀내려는 시도 역시 마찬가지다. 일본의 방송작가 노미 마사히코能見正比古가 1971년부터 《혈액형으로 알 수 있는 상성相性》, 《혈액형 애정학》, 《혈액형 스포츠학》, 《혈액형 정치학》 등을 잇따라 출간하며 혈액형에 대한 관심을 불러일으켰다.

이 열풍은 우리나라로도 옮겨 와 혈액형별 심리 테스트, 혈액형별 연애 운세, 혈액형과 건강법 등이 한동안 유행하기도 했다. 그러나 과학적 근거를 밝혀내는 데 실패했다.

2004년 세계보건기구, 국제적십자사연맹, 국제헌혈자조직연맹, 국제수혈학회는 란트슈타이너의 탄생일에 맞춰 6월 14일을 '세계 헌혈자의 날'로 제정했다. 우리나라에서도 대한적십자사 주관으로 해마다 기념식과 축하 공연을 열어 헌혈의 중요성을 알리고 헌혈자들에게 감사의 뜻을 표시하고 있다.

예전에는 우리나라에서도 돈을 받고 피를 파는 매혈賣血이 성행했다. 그러나 가난한 사람들이 건강을 해치며 피를 파는 현상이 사회 문제로 떠올라 1980년대 들어 자취를 감추었고 1999년 법으로 금지됐다.

우리나라의 헌혈률은 6% 안팎이다. 자급 수준에 못 미쳐 혈액 성분 약품을 수입하고 있다. 그나마 학생과 군인의 단체 헌혈에 크게 의존하고 있어, 저출산 고령화 추세에 따라 혈액 부족 현상이 갈수록 악화할 것이 우려된다.

15 국제 왼손잡이의 날도 있다

"하지만 때론 세상이 뒤집어진다고/ 나 같은 아이 한 둘이 어지럽힌다고/ 모두 다 똑같은 손을 들어야 한다고/ 그런 눈으로 욕하지 마/ 난 아무것도 망치지 않아 난 왼손잡이야"

1995년 남성 듀오 패닉이 발표한 노래 '왼손잡이' 가사의 일부다. 편견에 시달리는 사회적 약자와 소수자의 심경을 은유한 노래로 알려졌다. 일각에서는 왼손잡이가 좌파를 뜻하는 것이라고 풀이하기도 했다.

왼손잡이는 오랜 세월 마이너리티(소수자)로 억압받아왔지만 여성, 흑인, 장애인, 성적 소수자 등에 비하면 권익 투쟁에 나선 역사가 짧고 조직화가 덜 이뤄졌다.

미국인 딘 캠벨Dean Campbell은 왼손잡이들이 겪는 불편을 개선하고 왼손잡이에 대한 편견을 바로잡고자 1932년 국제왼손잡이협회를 창립했다. 협

••• 국제 왼손잡이의 날 포스터

회는 1976년 캠벨의 생일인 8월 13일을 '국제 왼손잡이의 날'로 제정하고 1992년부터 해마다 공식 기념행사를 하고 있다.

오른손잡이들에게 왼손잡이용 가위 등을 쥐여주고 왼손잡이의 일상을 체험하게 하거나 왼손만 쓰는 게임을 펼치며 왼손잡이가 겪는 고충을 알리고 오른손 중심의 생활용품 개선을 촉구하는 이벤트를 펼친다.

전 세계의 왼손잡이 비율은 10%가량 된다고 한다. 우리나라에서는 5% 정도이고, 왼손 사용을 금기시하는 아랍권에서는 1%에 불과하다고 한다.

왼손잡이 발생 원인은 명확하게 밝혀지지 않았다. 부모가 왼손잡이면 자녀가 왼손잡이일 확률이 높아 유전적 요인이 작용하는 것으로 추정되나,

동일한 DNA를 지닌 일란성 쌍둥이가 오른손잡이와 왼손잡이로 갈리기도 한다. 태어날 때 압박으로 뇌 한쪽이 미세하게 손상돼 스위치가 바뀌기 때문이라는 주장도 있다.

논리와 이성을 관장하는 좌뇌가 주도적이면 오른손잡이, 직관과 감성을 담당하는 우뇌가 주도적이면 왼손잡이가 되기 때문에 왼손잡이 가운데 천재나 예술가가 많다고 한다.

왼손잡이는 언어에서부터 차별당하고 있다. '오른'은 '옳다'란 말에서 나왔고 '바른'이라고도 불린다. 반면 '왼'의 원형인 '외다'의 사전적 풀이는 '물건이 좌우가 뒤바뀌어 놓여서 쓰기에 불편하다, 마음이 꼬여 있다'이다.

라틴어에서 왼손잡이를 뜻하는 'sinister'는 '흉하다, 불운' 등과 동의어인데 비해 오른손잡이를 일컫는 'dexter'는 '알맞다, 능숙하다'란 뜻이다. 영어에서도 'right'는 '옳다, 정당한, 정확한, 곧은, 적절한, 어울리는, 정상적인, 건강한, 참된, 정의, 권리, 인권, 소유권' 등 긍정적 의미를 지닌다. '예우받는 사람, 특별히 신뢰를 받는 지위, 믿을 만한 사람, 심복' 등을 가리킬 때도 '오른팔right-handed'이라고 한다.

반면 'left'는 '무시된다'란 뜻을 암시한다. 야구나 권투에서 왼손잡이를 뜻하는 '사우스포southpaw'의 '포paw'도 '손'을 비하하는 단어다. 아랍에서는 밥을 먹을 때는 오른손만 사용하고 왼손은 깨끗하지 못하다고 여겨 화장실에서 쓰므로, 악수할 때 왼손을 내미는 것은 대단히 무례한 일이다. 일본에서는 아내가 왼손잡이면 합당한 이혼 사유가 되던 시절도 있었다고 한다.

우리나라에서도 자녀가 왼손잡이면 왼손을 묶어놓고 못 쓰게 하거나 회초리로 손을 때려가며 오른손잡이로 바꾸려고 했다. 자녀가 사회적 차별과 불편을 겪지 않기를 바라기 때문이다. 왼손으로 밥 먹는 이를 보고 "가정교육을 제대로 못 받았군" 하며 혀를 차는 모습은 중년 이상의 세대에서는 흔한 일이다.

그러나 어릴 때 왼손잡이를 억지로 교정하려 하면 아이가 심한 스트레스를 받아 말더듬증 같은 언어장애를 겪거나 읽기 능력이 떨어지기도 하고 여러 가지 정서적 문제가 생길 우려가 크다고 한다.

예전보다 인식이 많이 나아졌다고는 하나 왼손잡이 처지에서는 주변에 불편한 것투성이다. 왼손잡이들은 밥 먹을 때 옆 사람과 부딪치지 않으려고 왼쪽 끝자리를 찾아 앉는다.

강의실 의자는 모두 오른쪽에 책상이 붙어 있다. 컴퓨터용 마우스는 오른쪽에 놓여 있고, 예전의 기계식 전화는 수화기를 왼손으로 들고 오른손으로 메모하라고 수화기가 왼쪽에 달려 있다. 지하철 개찰구나 음료 자판기를 비롯해 냉장고 문, 카메라 셔터, 가위, 칼, 자, 전자계산기, 깡통따개, 나사 등도 오른손잡이에게 맞도록 만들어져 있다.

소총도 탄피가 오른쪽으로 튀어나오고 노리쇠 전진기도 오른쪽에 달려 있어 왼손으로 방아쇠를 당기기에 불편하다. 수능시험 답안지 OMR 카드를 왼손으로 작성하면 잉크가 손에 묻어 카드에 번진다. 바이올린 등도 왼손잡이용이 드물 뿐 아니라 왼손으로 활을 켜면 옆 연주자를 방해한다.

스포츠에서도 마찬가지다. 육상 트랙과 야구 베이스는 오른손잡이에 맞춰져 있다. 폴로와 필드하키는 오른손(오른쪽)으로만 스틱을 휘두르도록 규정돼 있다. 골프에서도 왼손잡이는 클럽이 비싸고 연습 공간을 확보하기도 어렵다.

다만 권투 · 유도 등 격투기와 테니스 · 탁구 등 일부 종목의 경우, 왼손잡이는 주로 오른손잡이를 상대하지만 오른손잡이는 가끔 왼손잡이와 대결하므로 왼손잡이가 유리하다. 축구와 배구 등에서도 왼손잡이는 희소성이 있어 쓰임새가 많다. 야구에서는 왼손 투수와 타자가 유리해 왼손잡이 비율이 상대적으로 높으나 1루수를 제외한 내야수와 포수는 송구하기가 불편해 왼손잡이가 맡지 않는 게 관행이다.

2016년 미국 육군은 왼손잡이 병사도 손쉽게 안전핀을 빼서 던질 수 있는 수류탄을 개발했다. 미국과 캐나다 등의 학교에서는 학기 초 왼손잡이 숫자를 파악해 책걸상 등 편의시설을 제공하고, 교사들도 왼손잡이 학생들이 불편을 느끼지 않도록 상담 지도를 한다고 한다. 닌텐도가 휴대용 게임기 컨트롤러 왼쪽에도 방향키를 장착한 제품을 내놓은 것을 비롯해 각국에서는 왼손잡이 용품 개발 열기가 뜨겁다.

우리나라에서는 2003년 정몽준 국회의원이 왼손잡이를 위한 편의시설을 생산 · 설치하는 기업에 조세 감면 혜택을 주는 일명 '왼손잡이 지원법'(장애인 · 노인 · 임산부 등의 편의증진보호법 개정안)을 발의했지만 빛을 보지 못했다.

16 누루즈의 날을 아시나요(각국 설날 이야기)

전 세계적으로 서력기원서기과 양력에 바탕을 둔 달력을 사용하면서도 나라와 지역에 따라서는 전통 역법에 따라 명절을 기념하기도 하고 아예 다른 달력을 쓰기도 한다. 우리도 한때 양력을 기준으로 설 명절을 쇨 것을 강요하다가 음력설로 환원했다.

밤낮의 길이가 같은 춘분을 한 해의 시작으로 치는 '누루즈Nowruz'라는 풍습이 있다. 일부 지역에 국한되기는 하나 3천 년 넘게 이어 내려온 전통이고 유엔이 정한 어엿한 국제 기념일이다.

'누루즈'는 페르시아어로 '새롭다'는 뜻의 '누now'와 '날'이라는 뜻의 '루즈ruz'가 합쳐진 말로, 봄의 첫날을 축하하고 자연의 새로움을 기뻐하는 날이다. 고대 페르시아 제국의 강역이던 발칸반도에서 중동을 지나 중앙아시아에 이르기까지 지금도 약 3억 명이 이날을 전후해 축제를 연다.

신에게 제물을 바치고, 어른들에게 인사하고, 친지끼리 선물을 주고받고, 전통 음식을 만들어 먹고, 가무를 즐긴다. 지역에 따라 '노브루즈Novruz, 노우루즈Nowrouz, 나브루즈Navruz, 네브루즈Nevruz' 등으로도 부른다. 우리나라에 사는 중앙아시아 출신 이주민들도 이날 함께 모여 향수를 달래고 친목을 다진다.

유네스코가 2009년 누루즈를 인류무형유산으로 등재한 데 이어 유엔은 이듬해 총회에서 이란 · 인도 · 아제르바이잔 · 카자흐스탄 · 키르기스스

••• 한-키르기스스탄 수교 25주년을 맞아 2017년 3월 26일 서울 강북구민운동장에서 열린 누루즈의 날 축제에서 키르기스스탄인들이 줄다리기, 노래와 춤 공연을 펼치고 있다.(주한키르기스스탄학생회 제공)

탄 · 투르크메니스탄 · 타지키스탄 · 아프가니스탄 · 터키 · 알바니아 · 마케도니아 등 11개국의 발의로 3월 21일을 '국제 누루즈의 날International Day of Nowruz'로 제정했다. 세대와 가족 간의 화해 · 선린 · 평화 · 연대의 가치를 증진하고 문화적 다양성과 공동체 사이의 우정에 기여하자는 취지다.

예부터 어떤 날을 새해의 시작으로 할지를 두고 논란이 많았다. 역사적 기원을 거슬러 올라가면 해가 짧아지다가 길어지기 시작하는 날인 동지나, 동지와 춘분의 중간으로 봄에 들어선다는 입춘을 기준으로 삼은 사례가 많다.

전자는 크리스마스와 신정에 가깝고 후자는 구정에 가깝다. 음력설은 당연히 정월 초하루지만, 양력 1월 1일은 고대 로마의 권력자 카이사르가 기원전 45년 율리우스력을 제정할 때 그전까지 로마력으로 1월이던 '마르티우스Martius · 영어의 March'를 3월로 바꾸는 등 달의 순서를 뒤로 물리며 자의적으로 정한 것이다.

뜨거운 태양을 피해 사막을 오가야 했던 중동에서는 음력을 중시했다. 달의 지구 공전주기는 약 27.3일인데 지구도 태양 둘레를 돌기 때문에 달의 모양이 변했다가 돌아오는 주기삭망월 · 朔望月는 약 29.5일이다.

1년 열두 달을 합치면 지구의 공전주기보다 11일 정도 모자라므로 고대 그리스 천문학자 메톤이 태양의 주기와 일치시키려고 19년에 7번 윤달을 끼워 넣는 메톤 주기법의 태음태양력을 사용해왔다.

그러나 정치적 · 종교적 필요에 의해 윤달을 남용하는 사례가 잦자 이슬람의 창시자 마호메트가 636년에 헤지라성천 · 聖遷, 서기 622년 7월 16일 마호메트가 메카에서 메디나로 근거지를 옮긴 일를 이슬람력 원년 1월 1일로 선포하며 순수 태음력을 쓰기로 했다.

서기 2018년은 이슬람력으로 1439년과 1440년에 걸쳐 있어 원년부터 따지면 43~44년 차이가 난다. 2018년 9월 10일이 이슬람력 1440년 첫날이다. 9월을 뜻하는 라마단성월 · 聖月에는 해가 떠 있는 시간에 아무것도 먹지 않는다. 2018년은 5월 16일부터 6월 14일까지였다.

유대인들은 태음태양력을 기본으로 하되 가장 중요하게 여기는 유월절逾越節의 첫날(8월 15일)이 월 · 수 · 금요일이 되지 않도록 복잡한 법칙을 적용한 유대력을 쓰고 있다. 저녁에 3개의 별이 보이면 하루가 시작된다고 여기고, 추분 후의 음력 초하루를 새해 첫날로 삼는다.

중동 지역 가운데 이집트는 예외적으로 일찍부터 태양력을 썼다. 기원전 18세기 이집트인들은 나일강이 범람할 때면 해가 뜨는 쪽에서 큰개자리의 가장 밝은 별 시리우스가 먼저 떠오르는 것을 관찰하다가 1년을 365일로 하는 달력을 만들었다.

이를 로마가 채용했다가 태양 주기와 차이가 나자 4년마다 하루를 더하는 율리우스력을 제정했고, 오차가 누적되자 1582년 교황 그레고리우스 13세가 100으로 나뉘는 해는 평년으로 하되 400으로 나뉘는 해는 윤년으로 삼는 그레고리력을 공포했다.

그러나 서유럽의 가톨릭 세력과 대립하던 동방정교회 지역에서는 교황의 지위를 인정하지 않아 율리우스력을 써왔다. 이를 토대로 한 러시아력은 그레고리력과 13일 차이가 나므로 러시아혁명이 1917년 3월과 11월에 일어났음에도 각각 2월혁명과 10월혁명이라고 부른다. 러시아를 비롯한 일부 지역 정교회는 크리스마스성탄절도 12월 25일이 아닌 1월 7일에 기념하고 있다.

부활절은 동서 기독교가 분리되기 전인 서기 325년 니케아 종교회의에서 '춘분 후 보름달이 뜬 뒤의 첫 주일(일요일)'로 정했다. 따라서 정교회도 똑같은 날 쇠는 것이 원칙이나 보름달 날짜 계산이 달라 엇갈릴 때도 있다. 2017년에는 4월 16일로 똑같았으나 2018년은 개신교와 가톨릭은 4월 1일, 정교회는 4월 8일이었다.

한국과 중국을 비롯한 동아시아에서는 태음태양력을 사용하면서도 계절의 변화나 농사의 시기 등을 제대로 반영하지 못하는 단점을 보완하고자, 태양의 궤도에 맞춰 1년을 15일 간격으로 나눈 24절기를 도입했다.

우리나라는 갑오경장 때 1895년 11월 17일(음력)을 1896년 1월 1일(양력)로 선포하며 태양력을 공식 채택했으나 지금도 음력의 전통이 남아 있어 설, 추석, 단오, 부처님 오신 날 등의 명절과 일부 기념일은 음력으로 지내고 있다.

안나 슐레포바

• 서울시 역삼글로벌빌리지센터장 •

서울시는 외국인 주민을 위해 연남 · 역삼 · 서래 · 이태원 · 이촌 · 성북 · 금천 7군데에 글로벌빌리지센터를 설립해 운영하고 있다. 공공 서비스나 생활 편의시설에 관한 안내와 상담을 진행하고 의료 · 법률 · 부동산 정보를 제공한다. 한국어 교육, 문화체험 프로그램, 봉사 프로그램 등도 마련해놓고 있다.

2015년 10월부터 역삼글로벌빌리지센터장을 맡고 있는 안나 슐레포바 씨는 누루즈의 날을 쇠는 나라 키르기스스탄이 고향이다. KBS 2TV 「미녀들의 수다」에 출연해 얼굴을 알렸고 의류와 액세서리 모델로도 활약했다. 2018년 3월 29일 서울 강남구 역삼1동문화센터 5층 사무실에서 만나 외국인들의 서울살이를 들어보았다.

역삼글로벌빌리지센터가 하는 일을 소개해달라.

처음 한국에 왔을 때 당황하거나 답답해한 적이 많았다. 그럴 때마다 누구에게 물어봐야 할지 막막했다. 내가 겪은 어려움을 되풀이하지 않고 잘 정착할 수 있도록 돕는 일이다.

역삼글로벌빌리지센터에는 어떤 문의가 많은가.

강남구에는 외국어 강사, 대기업 임직원, 전문직 종사자 등이 많이 산다. 문의 사항은 다양하다. 연초가 되면 어린이집이나 유치원을 알아보는 분이 많이 몰린다. 체불임금을 받아달라고 호소하는 사람도 있다.

외국인이 보기에 서울은 어떤 도시인가.

여행객에게는 참 매력적이다. 볼 것 많고, 대중교통 편리하고, 밤늦게 다녀도 무섭지 않고, 배달도 안 되는 게 없다. 그런데 외국인 주민에게는 만만하지 않다. 특히 강남구는 집세가 비싸, 돈을 웬만큼 많이 벌지 않으면 살기 어렵다.

한국에 올 마음을 먹은 까닭은 무엇인가.

키르기스스탄에도 고려인이 많고 성공한 분도 수두룩해 한국에 호감을 느꼈다. 고등학교에서 한국어, 한국무용, 태권도를 가르치는 한국 선생님들을 보고 관심을 품게 돼 비슈케크 인문대 한국어과를 선택했다. 대학에서 「풀하우스」, 「내 이름은 김삼순」, 「어린 신부」 등 한류 드라마와 영화를 보고, 가정형편은 어렵지만 꼭 한국에 가서 공부해야겠다고 결심했다.

한국에 살게 된 사연을 들려달라.

2007년 교환학생 장학생으로 뽑혀 경기도 용인의 경희대 국제캠퍼스를 다녔다. 2009년 학사 과정을 마치고 귀국했다가, 교환학생 시절 사귄 한국인 남자와 결혼해 2010년 한국에 돌아왔다. 한국외국어대 국제지역대학원 러시아CIS학과에 진학해 2015년 석사학위를 받았다. 공부하는 동안 모델 일과 통번역 등으로 생활비를 벌어가며 홍태민(8) · 태윤(6) · 태안(3) 3형제를 낳아 길렀다.

한국과 습관이나 문화가 달라 당혹스러웠던 적은 없는가.

가장 힘들었던 게 속마음을 그대로 말하면 안 된다는 것이었다. 교수님이나 시부모님께 마음에 들지 않는 점이 있거나 의견이 달라도 내 생각을 솔직히 털어놓으면 버릇없다는 소리를 듣는다. 고향에서는 누가 내게 말하면 눈을 마주치며 들어줘야 하는데, 여기서는 그러면 사람을 빤히 쳐다본다며 싫어한다.

아이들의 용모가 한국인과 달라 친구들에게 놀림당한 적은 없는가.

잘생겼다고 학교에 소문이 나서 상급생 누나들까지 태민이를 보러 교실에 온다고 들었다. 인기가 있는 건 좋은 일이지만 아들이 교만해질까 봐 걱정이다.

스스로 차별받는다고 느낀 적은 없는가.

중앙아시아 출신이지만 백인이니까 동남아 출신이나 흑인보다 차별을 덜 받는 건 사실이다. 그러나 나도 설움을 느낄 때가 많다. 대학 다닐 때도 한국어를 빨리 배우고 싶은데 한국 학생들은 자꾸 영어로만 대화하려고 하고 영어권 친구들을 더 사귀고 싶어 한다. 이해하지 못하는 건 아니지만 피부색이나 소득 수준으로 사람을 평가하지는 말았으면 좋겠다.

17 유네스코를 흔드는 세계유산 갈등

1952년 이집트의 나세르 대통령은 나일강 범람을 막고 전력 수요 급증에 대응하기 위해 아스완하이댐 건설에 나섰다. 이 때문에 기원전 13세기 람세스 2세가 세운 아부심벨 신전 등 수단 누비아 계곡에 있던 고대 이집트 유적이 물에 잠길 운명에 놓였다.

유엔교육과학문화기구 유네스코UNESCO는 1959년 유적 보호를 위한 모금 운동을 제안했고 50여 개국에서 약 8천만 달러를 모금해 1968년 아부심벨 신전을 해체 이전했다. 이 운동은 인류의 유산을 국제적으로 보호해야 한다는 자각을 불러일으켜 1972년 유네스코 세계유산협약 채택으로 이어졌다.

유네스코는 1978년 폴란드 비엘리치카의 소금광산을 시작으로 2018년 7월까지 문화유산 844점, 자연유산 206점, 복합유산 35점 등 167개국 1천

85점을 세계유산으로 지정했다. 유네스코의 심벌마크이자 세계유산 1호로 잘못 알려진 그리스의 파르테논 신전은 인근 다른 유적과 함께 아테네 아크로폴리스란 이름으로 1987년 세계유산 목록에 올랐다.

우리나라의 세계유산은 해인사 장경판전, 종묘, 석굴암 · 불국사, 창덕궁, 수원 화성, 고창 · 화순 · 강화 고인돌, 경주역사유적지구, 제주 화산섬 · 용암동굴, 조선왕릉, 하회 · 양동마을, 남한산성, 백제역사유적지구, 산사山寺 등 13점이다.

인류무형문화유산으로는 2016년 말 현재 긴급보호목록 26개국 47건, 대표목록 108개국 366건, 모범사례목록 17건이 등재됐다. 한국은 종묘제례, 판소리, 강릉단오제, 영산재, 남사당놀이, 제주 영등굿, 강강술래, 처용무, 국악 가곡, 매사냥, 대목장大木匠, 택견, 줄타기, 한산 모시 짜기, 아리랑, 김장, 농악, 줄다리기, 제주 해녀 문화 등 19건을 보유하고 있다.

세계기록유산은 2017년 11월 기준으로 128개국에 427건 분포돼 있다. 훈민정음(해례본), 조선왕조실록, 직지심체요절, 승정원일기, 해인사 고려대장경판, 조선왕조 의궤, 동의보감, 일성록, 5 · 18 광주민주화운동 기록물, 난중일기, 새마을운동 기록물, KBS 특별생방송 '이산가족을 찾습니다' 기록물, 유교책판, 조선왕실 어보와 어책, 조선통신사 기록물, 국채보상운동 기록물 등 한국이 16건으로 세계에서 4번째, 아시아에서는 첫 번째로 많다.

보편적 가치가 높은 유산을 지정해 인류가 함께 보호하며 상호 이해를 높이자는 세계유산은 유네스코의 대표 브랜드로 자리 잡았으나 최근 들어 분란의 씨앗이 돼 국가 간 갈등을 부추기는가 하면 유네스코의 존립 기반마저 흔들고 있다.

••• 2018년 6월 국내에서는 13번째로 다른 사찰 6곳과 함께 세계문화유산에 등재된 영주 부석사

2017년 7월 7일 유네스코는 팔레스타인이 신청한 요르단강 서안의 알킬릴 구시가지를 세계문화유산으로 등재했다. 이스라엘이 헤브론이라고 부르는 이곳에는 유대 민족과 아랍 민족의 공통 조상인 아브라함(아랍어로 이브라힘)과 아들 이삭, 손자 야곱이 묻혀 있다는 파르티라크 동굴이 있다.

무슬림은 14세기 이 동굴 위에 모스크이슬람 사원를 지었는데, 유네스코는 이 모스크를 세계유산으로 인정하며, 유대교도가 신성시하는 무덤은 언급하지 않았다.

미국과 이스라엘은 이를 문제 삼아 그해 10월 12일 동반 탈퇴를 선언했다. 이스라엘은 2016년 유네스코가 동예루살렘의 성지 템플마운트(아랍명 하람 알샤리프)의 관리 문제에 관해 팔레스타인의 손을 들어주었을 때도 거세게 반발했다. 미국은 유네스코가 서방 중심의 뉴스 공급 질서를 재편하려 하자 1984년 탈퇴했다가 2002년에야 다시 가입했다.

미국은 2017년 유네스코 분담금이 823억여 원(22.0%)으로 으뜸이다. 다음은 일본(9.7%), 중국(7.9%), 독일(6.4%), 프랑스(4.9%), 영국(4.5%) 순이다. 한국은 76억여 원(2.0%)으로 13위에 랭크돼 있다.

일본도 2016년 5월 31일 한 · 중 · 일 등 8개국 14개 시민단체가 연대해 일본군 위안부 기록물의 세계기록유산 등재를 신청하자 탈퇴 가능성을 언급하며 압력을 넣어 보류시키는 데 성공했다. 유네스코는 분담금 1위 국가인 미국이 탈퇴한 마당에 2위국인 일본의 입김을 무시하기 어려웠을 것이다.

이에 앞서 일본 정부는 2015년 '난징南京대학살 기록물'의 세계기록유산 등재가 확정되자 "중국의 일방적 주장에 따른 것"이라고 비판하며 분담금 납부를 거부하는 한편, 세계기록유산 제도가 정치적으로 이용되지 않도록 심사 방식을 개선하자고 요구했다. 이에 따라 유네스코 집행위원회는 "이견이 있으면 상호 이해와 대화의 원칙을 준수할 것을 촉구한다"고 결정해 위안부 기록물 등재 무산에 영향을 미쳤다.

2015년 7월 유네스코는 한국의 항의에도 불구하고 일제강점기 강제노역이 이뤄진 일본 하시마일명 군함도를 세계문화유산으로 등재하며 강제동원 피해자를 기리고 관련 사실을 알리겠다는 일본의 약속을 받았으나 지금까지 이행되지 않고 있다. 지난 2005년에는 강릉단오제가 인류무형문화유산으로 등재된 것을 두고 일부 중국인이 자국의 고유 전통 축제를 한국이 가로챘다고 주장하기도 했다.

한국은 일본뿐 아니라 일본 다음의 분담금 납부 국가인 중국과도 동북공정 등을 둘러싸고 역사 논쟁을 계속해온 터여서, 잇따른 세계유산 논쟁을 불안한 시선으로 지켜볼 수밖에 없는 처지다.

교육 · 과학 · 문화를 통해 국제 평화와 인류 공영의 이상을 실현하고자 발족한 유네스코가 외교의 각축장을 넘어 돈을 앞세운 강대국들의 힘겨루기 마당으로 변질되는 모습을 보면 1945년 11월 18일 제정된 유네스코 헌장 서문의 정신이 더욱 절실해진다.

"전쟁은 인간의 마음속에서 생기는 것이므로 평화의 방벽을 세워야 할 곳도 인간의 마음속이다. 서로의 풍습과 생활에 대한 무지는 인류 역사를 통해 세계 국민들 사이에 의혹과 불신을 초래한 공통적인 원인이며, 이 의혹과 불신 때문에 그들의 불일치가 너무나 자주 전쟁을 일으켰다. …(중략) … 정치적 · 경제적 조정에만 기초를 둔 평화는 세계 국민들의 일치되고 영속적이고 성실한 지지를 확보할 수 있는 평화가 아니다. 평화를 잃지 않기 위해서는 인류의 지적 · 도덕적 연대 위에 평화를 건설하지 않으면 안 된다."

김광호

• 유네스코 한국위원회 사무총장 •

김광호 유네스코UNESCO · 유엔교육과학문화기구 한국위원회 사무총장은 2016년 12월 26일 취임했다. 1987년 행정고시(31회)에 합격한 뒤 교육부 교원정책과장 · 다자협력과장, 한국교원대 · 부산대 사무국장, 충북 부교육감, 국립국제교육원장 등을 역임했고 1994~1995년 태국 방콕의 유네스코 아시아태평양지역사무소에 전문관으로 파견돼 일한 경험도 있다. 성균관대 사회학과와 부산대 교육대학원을 졸업했으며 숭실대 대학원에서 박사과정을 수료했다.

2017년 2월 15일 서울 중구 명동 유네스코회관에서 김 사무총장을 만나 유네스코의 설립 배경, 유네스코와 한국의 인연, 유네스코 한국위가 하는 일 등을 물어보았다.

유네스코는 유엔 전문기구 가운데 가장 역사가 오래되고 유명하지만 정작 구체적으로 하는 일은 덜 알려진 것 같다.

유네스코 하면 보통 세계문화유산을 많이 떠올린다. 유네스코의 심벌마크가 그리스 파르테논 신전을 형상화한 것이기도 하다. 교육 · 과학 · 문화 분야에서 다양한 국제 협력 활동을 펼치고 있다. 최근의 가장 주요한 이슈는 '교육 2030'이다. 2016년부터 2030년까지 15년간 국제사회가 교육 분야에서 달성해야 할 공동 목표를 제시한 것이다.

유네스코와 우리나라가 처음 인연을 맺은 것은 언제인가.

한국은 1950년 6월 14일 세계에서 55번째로 유네스코에 가입했다. 이듬해 유네스코 총회는 초등학교용 교과서 인쇄 시설 건립을 위해 한국에 10만 달러를 지원하기로 결정했다. 1954년 9월 대한문교서적 인쇄공장이 준공돼 연간 3천만 권의 교과서를 펴냈는데 반기문 전 유엔 사무총장도 '유네스코 기증' 문구가 찍힌 책으로 공부했다. 프랑스 파리의 유네스코 본부 로비에는 2012년 반 총장이 방문해 기증한 1956년판 초등학교 4학년 2학기 자연 교과서가 전시돼 있다. 유네스코 한국위는 1954년 1월에 창립됐고, 1963년 4월 27일에는 '유네스코 활동에 관한 법률'이 공포됐다.

유네스코 한국위는 어떻게 운영되나.

전 세계 199개국 가운데 한국위의 조직이 가장 크고 역동적이다. 다른 나라는 대부분 정부 산하기관이다. 우리나라는 교육부 장관이 위원장을 맡지만 민간 위원이 다수이고 사무처도 자율적으로 운영된다. 또 2014년 세계에서 처음으로 일반인을 대상으로 후원 모금을 시작했다.

주요 사업은 무엇인가.

전 세계 1만여 개교가 가입된 유네스코 학교 네트워크에는 전국 578개 초중고교가 소속돼 인성 교육과 국제 교류 등을 펼치고 있다. 2015년 7월 7일 문을 연 세계시민학교는 중학생들을 글로벌 인재로 키우는 '학교 밖 학교' 프로그램이다. 초등학생을 위한 '유네스코 키즈 프로그램', 대학(원)생 대상의 '유네스코 에너지 기후변화 프런티어', 동북아 생물권보전지역 네트워크 지원, 유네스코 창의도시 네트워크 운영 등도

들 수 있다.

개도국을 돕는 사업은 어떤 것이 있나.

비문해문맹 퇴치를 위해 교육 시설 · 교재를 지원하고 교사를 훈련시키는 '브릿지 아프리카'와 '브릿지 아시아', 세계유산 보존 역량 강화 사업, 공예 디자인 국제 교류 사업 등이 대표적이다. 북한에도 교과서 인쇄용지와 기자재를 지원했다.

다문화 분야 프로그램도 소개해달라.

1990년대부터 한국유네스코문화교류센터를 설립해 주한 외국인 대상의 한국어 강좌와 문화 체험을 마련하는가 하면 외국인이 국내 초중고교를 방문해 자국의 문화 · 역사 · 생활 · 풍습을 소개하는 '외국인과 함께하는 문화교실CCAP'을 운영하고 있다.

Chapter 03

한국 속 다문화 이야기

18 진시황의 제노포비아 없애준 재상 이사

미국 온라인 영어사전 사이트 딕셔너리닷컴dictionary.com은 2016년 '올해의 단어Word of the Year'로 '제노포비아xenophobia'를 선정했다. 제노포비아는 그리스어로 '낯선 사람'이란 의미의 '제노스xenos'와 '공포'를 뜻하는 '포비아phobia'를 합친 단어로, 외국인이나 다른 문화권에서 온 사람을 혐오하는 것을 말한다. 1800년대 말에 영어 단어로 처음 등장했다.

딕셔너리닷컴은 영국의 유럽연합EU 탈퇴 결정브렉시트, 시리아 난민 위기, 미국의 대통령 선거, 미국의 비무장 흑인 총격 논란 등의 이슈가 터져 나오면서 이용자들이 '제노포비아'란 단어를 많이 찾아봤다고 설명했다.

전 세계의 인터넷 · 스마트폰 이용자들이 '제노포비아'를 가장 많이 찾아본 날은 영국 국민투표 이튿날인 6월 24일로, 평소보다 검색량이 938% 폭증한 것으로 집계됐다. 버락 오바마 미국 대통령이 당시 대선 후보인 도널드 트럼프의 발언을 '제노포비아의 표본'이라고 비판한 이튿날인 6월 30일에도 검색 횟수가 치솟았다.

우리나라에서도 외국인에게 거부감을 드러내는 반反다문화 현상이 종종 감지된다. 2016년 9월 17일 제주도에서 중국인 남성이 성당에서 혼자 기도하던 한국인 60대 여성을 살해한 사건이 일어나자, 중국인 관광객 전체를 대상으로 혐오감을 쏟아내는 사람이 적지 않았다.

전문가들은 경기 침체와 사회 양극화 등으로 먹고살기가 팍팍해지자 이들에게 화살을 돌려 불만을 쏟아내는 경향과 맞물려 있다고 풀이한다. 실제로는 외국인 범죄율이 내국인보다 낮은데도 외국인을 잠재적 범죄자로 보는 시선도 있고, '외국인이 일자리를 빼앗는다'거나 '복지 · 병역 · 조세 등에서 내국인이 역차별을 받고 있다'는 등의 편견도 깔려 있다.

외국인의 국내 이주나 다문화가정의 증가는 모든 선진국에 나타나는 세계적인 현상이다. 교통 · 통신의 발달, 국경의 장벽 완화, 나라 간 임금이나 소득 격차, 3D 업종 기피 현상, 출산율 저하 등이 그 원인으로 분석된다.

2016년 6월 말에는 국내 체류 외국인이 200만 명을 넘어서 전체 인구의 3.9%를 기록했다. 법무부는 2011~2015년의 연평균 외국인 증가세(8%)를 고려할 때 2021년 외국인 주민이 300만 명을 넘어서 인구의 5.82%에 이를 것으로 예상했다. 학계에서는 통상 외국인 비율이 5%를 넘으면 다문화사회에 진입한 것으로 본다. 그러나 그에 따른 법과 제도나 국민의 인식은 부족하다는 지적의 목소리가 높다.

인종과 언어, 전통과 문화가 다른 사람들이 어울려 살면 어색함이나 불편함이 따르게 마련이고 소통과 이해 부족에서 빚어지는 마찰과 갈등을 피하기 어려운 측면이 있다. 하지만 균질한 사람만 모여 사는 집단은 퇴보와 도태의 길을 걷는다. 동서고금의 역사가 이를 웅변하고 있고, 근친혼이 유전병의 위험을 높인다는 것은 우생학적으로도 입증된다.

미국 미시간대의 스콧 페이지 교수는 '다양성이 능력을 이긴다Diversity trumps ability'라는 이론을 창안했다. 덜 똑똑하지만 다양한 사람들로 구성된 그룹이 똑똑한 사람들로 구성된 동질적인 그룹보다 더 높은 성과를 낸다는 뜻이다. 페이지 교수는 '집단의 오류는 평균오류에서 다양성을 뺀 것'이라는 등식도 제시하며 "다양성이 증가할수록 사회의 오류를 줄일 수 있다"고 주장했다.

영국의 저널리스트 그레그 재커리는 저서 《세계인으로서의 나The Global Me》에서 "다양성은 나라의 건강과 부를 결정짓는다"고 전제한 뒤 "혼합은 새로운 표준이고 고립을 이기고 창의성을 북돋고 인간의 정신을 풍요롭게 하고 경제 성장을 촉진한다"고 역설했다.

중국 전국 시대 진秦나라 재상 이사李斯는 초楚나라 출신이다. 그가 객경客卿으로 있을 때 타국 출신 관원들을 모두 쫓아내는 축객령逐客令이 내려지자 "태산은 한 줌의 흙도 사양하지 않았으므로 그렇게 클 수 있었고[太山不辭土壤 故能成其大] 하해는 작은 물줄기도 가리지 않았으므로 그 깊음에 이른 것입니다[河海不擇細流 故能就其深]"라는 내용의 글을 진왕에게 바쳤다.

이를 읽고 난 진왕은 축객령을 거두며 당장 이사를 불러들이라고 명했다. 이사의 부국강병책을 채택한 진나라는 중국 최초의 통일 왕조를 세웠고 진왕은 시황제가 됐다.

••• 진시황(좌)과 이사(우)

12월 18일은 '세계 이주민의 날'이다. 전 세계 10억 명에 이르는 이주자가 조화롭게 살 수 있는 사회를 만들자는 취지로 2000년 유엔이 제정했다. 1990년 이날 유엔이 제45차 총회를 열어 '모든 이주노동자와 그 가족의 권리에 관한 국제협약'을 채택한 것을 기념한 것이다.

이 협약은 강제노동 금지, 국외 추방 제한, 주거 선택의 자유, 노조 설립 보장 등을 담았다. 특히 불법 체류나 불법 고용 등 부적법 상태에 있는 노동자도 보호받을 권리가 있음을 명시했다. 지금까지 전 세계에서 47개국이 비준했으나 우리나라는 아직 비준하지 않고 있다.

국제이주기구IOM는 1951년 이주민을 지원하기 위해 출범했다. 회원국이 172개국에 달하며 스위스 제네바에 본부를 두고 있다. 한국은 1988년 정식 회원국으로 가입했고 1999년 한국대표부가 문을 열었다. IOM은 2009년 한국 정부와 협정을 맺어 IOM이민정책연구원도 설립했다.

우리나라는 내국인과 외국인이 서로 이해하고 존중하며 지내는 사회 환경을 만들자는 취지로 아시아에서는 처음으로 2007년 5월 17일 '재한외국인 처우 기본법'을 제정해 그해 7월 18일부터 시행해왔다. 정부는 법 19조에 따라 5월 20일을 '세계인의 날', 이로부터 1주일을 '세계인 주간'으로 각각 정해 이듬해부터 기념하고 있다.

우리나라에 사는 외국인은 얼마나 되나

1980년대 중반만 해도 국내에 사는 외국인은 4만여 명에 지나지 않았다. 그러던 것이 2000년 9월 50만 명, 2007년 9월 100만 명, 2013년 6월 150만 명을 돌파한 데 이어 2016년 6월 200만 명을 넘어섰다. 2018년 8월 기준으로 국내 체류 외국인은 230만8천206명으로 10년 전 같은 달의 113만3천874명보다 갑절 이상 늘어났다.

외국인 주민을 국적별로 보면 중국이 105만9천482명(45.9%)으로 가장 많고 이 가운데 65.7%에 해당하는 69만6천200명이 조선족으로 불리는 한국계다. 2위와 3위는 베트남과 태국으로 각각 18만9천710명(8.21%)과 18만8천202명(8.15%)에 이르며 미국(15만647명), 우즈베키스탄(6만7천185명), 필리핀(5만6천213명), 일본(5만3천197명), 러시아(5만2천593명), 캄보디아(4만7천819명), 몽골(4만4천272명)가 뒤를 잇는다.

이들 가운데 50여만 명이 취업비자를 얻어 들어와 있으며 40여만 명은 동포 자격으로 머물고 있다. 결혼이민자는 15만여 명을 헤아리고 나머지는 동반거주자, 유학생, 선원, 종교인, 관광객 등이다. 불법체류자도 해마다 늘어나 2018년 8월 현재 33만5천455명에 이른다.

이들 외국인은 전국 각지에 흩어져 살면서도 명절에 한데 모여 전통 놀이를 즐기고 고향 음식을 만들어 먹으며 향수를 달랜다. 또 일요일마다 각기 종교 시설을 찾아 신앙생활을 하고 서로의 안부를 묻는가 하면 장터를 열어 필요한 물건을 사고팔기도 한다.

일요일마다 서울 종로구 혜화동 로터리 일대는 '작은 마닐라'로 변신한다. 필리핀인들이 혜화동성당에서 모국어로 진행되는 천주교 미사에 참석했다가 이곳에 들러 고향 소식을 주고받는다. 서울 왕십리역 근처 '아시안마트'는 각종 베트남 식재료를 팔고 있고 인근에 베트남 노래방과 식당도 있어 베트남인의 사랑방으로 꼽힌다.

서울 중구 광희동에는 몽골 타운과 중앙아시아 거리가 형성돼 있으며, 서울 용산구 한남동 이

2018년 1월 14일 서울 광화문에서 박미형 국제이주기구(IOM) 한국대표부 소장이 난민, 결혼이주 여성, 이주노동자, 유학생과 함께 평창 동계올림픽 성화를 봉송하기에 앞서 기념촬영을 하고 있다.(IOM 한국대표부 제공)

슬람교 중앙성원에는 중동 · 아프리카 · 동남아시아 출신 이슬람 신도가 모여 예배를 올린다. 네팔 · 스리랑카 · 미얀마 · 캄보디아 등 동남아 출신 스님들이 운영하는 불교 법당도 있다.

중국인들이 처음 차이나타운을 건설한 곳은 인천시 중구 선린동이다. 1882년 임오군란 때 청나라 군대가 들어온 것을 계기로 생겨났으며 짜장면의 탄생지이기도 하다. 지금은 서울 영등포구 대림동과 구로구 가리봉동, 경기도 안산 등지에 중국인 거리가 조성돼 있다.

미국인들은 서울 용산구 이태원동 등 미군 주둔지를 중심으로 모여 살고 있다. 부산역 맞은편과 서울 동대문의 러시아 거리, '리틀 프랑스'라고 불리는 서울 서초구 반포동의 서래마을, 서울 용산구 이촌1동(통칭 동부이촌동)의 일본인 마을 등도 한국 속의 외국이라고 할 만하다.

정부는 2006년 4월 26일 노무현 대통령 주재로 국정과제회의를 열어 대통령자문 빈부격차 · 차별시정위원회가 법무부 · 교육부 · 고용노동부 · 여성가족부 등과 함께 마련한 '여성결혼이민자가족 및 혼혈인 · 이주자의 사회통합을 위한 지원대책'을 확정했다.

이어 그해 5월 26일 노 대통령, 한명숙 총리(위원장)를 비롯한 17개 관계부처 장관, 민간 위원 7명이 참석한 가운데 첫 외국인정책회의를 열어 관련법 제정 방향과 총괄기구 설치 방안 등을 논의했다.

노 대통령은 "우리나라 국민이 아닌 사람의 인권도 존중하고 이를 확대하는 것은 역사적으로 진보라 할 수 있다"면서 "여러 문화와 교류하고 통합하는 것은 세계 문명사 흐름과 같은 방향이고 국가 발전 전략에도 맞는다"고 역설했다.

입법에도 적극 나서 2007년 5월 '재한외국인 처우 기본법'이 제정된 데 이어 '다문화가족지원법'이 이명박 정부 출범 직후인 2008년 3월 탄생했다. 이에 따라 전국 지자체마다 글로벌센터, 글로벌빌리지센터, 외국인근로자센터, 다문화가족지원센터 등이 들어서 외국인의 정착과 다문화가족의 자립을 돕고 있다.

19 외국인 유학생들이 한국으로 몰려오는 까닭

30년 전만 해도 한국인은 유학생이라고 하면 해외로 나간 사람들만 떠올렸다. 우리나라에 들어오는 외국인은 주한미군, 외교사절, 선교사, 주재원, 특파원, 국제 구호 단체 봉사단원 등이었지, 다른 나라에서 공부하러 한국을 찾는다는 것은 거의 생각지 못했다.

그러나 사정이 달라졌다. 한국 경제의 괄목할 만한 성장과 한류의 영향 등에 따라 한국에서 공부하려는 외국인 학생이 부쩍 늘고 있다. 한국에서 배울 게 많고, 일자리를 구하는 데도 유리하다고 여기기 때문이다.

2000년 3천762명에 불과하던 외국인 유학생은 2018년 14만2천205명으로 40배 가까이 늘어났다. 2000년대 우리나라의 외국인 유학생 증가 속도는 경제협력개발기구OECD 회원국 가운데 가장 높다.

외국인 유학생은 2012년부터 3년 연속 줄어들기도 했으나 2015년 7.6%, 2016년 14.2%, 2017년 18.8%, 2018년 14.8% 등 4년째 가파른 증가세를 보였다. 이 가운데 학위 과정을 밟고 있는 유학생은 8만6천36명이고 나머지 5만6천169명은 비학위 과정에 다니는 것으로 나타났다.

출신국은 중국이 6만8천537명(48.2%)으로 가장 많았으나 비중은 해마다 줄어들어 2018년 처음으로 절반 아래로 떨어졌다. 대신 베트남 유학생이 급증해 전년 대비 85.2%나 늘어난 2만7천61명(19.1%)을 기록했다. 다음은 몽골(4.8%), 일본(2.8%), 미국(1.9%) 순이었다.

반면 해외에 유학하는 한국인 숫자는 갈수록 줄어들고 있다. 2016년 말 기준 26만284명으로 2년 전보다 1만6천550명(6.0%), 4년 전보다는 3만6천473명(12.3%) 감소했다.

최고 선호 지역으로 꼽히던 미국 유학생 숫자는 감소하는 대신 중국으로 떠나는 유학생은 늘고 있다. 그래도 미국이 7만3천113명(28.1%)으로 가장 많고 중국은 6만2천56명(23.8%)으로 두 번째였다. 2년 전 각각 9만9천562명(36.0%)과 5만8천120명(21.0%)인 것에 비하면 격차가 많이 줄었다.

다음으로는 캐나다 2만5천396명(9.8%), 호주 1만7천770명(6.8%), 일본 1만5천438명(5.9%), 영국 1만1천183명(4.3%), 필리핀 9천903명(3.8%), 독일 7천566명(2.9%), 프랑스 6천655명(2.6%), 뉴질랜드 4천211명(1.6%)가 뒤를 이었다.

유네스코의 소멸 위기 언어 연구 프로젝트 '아틀라스' 2017년 통계에 따르면, 전 세계 유학생은 2016년보다 12% 증가한 460만 명이었다.

유학생을 유치한 숫자를 나라별로 보면 미국이 107만8천822명으로 가장 많고 다음은 영국 50만1천45명, 중국 44만2천773명, 호주 32만7천606명, 프랑스 32만3천933명, 캐나다 31만2천100명, 러시아 29만6천178명, 독일 25만1천542명, 일본 17만1천122명 순이다. 한국 출신 유학생은 중국에서 첫 번째였고 미국 · 캐나다 · 일본에서는 각각 세 번째를 차지했다.

각국의 국내 재학생 중 외국인 유학생 비율은 호주 23.8%, 영국 21.1%, 독일 8.7%, 러시아 5.7%, 미국 5.3%, 일본 4.7% 등으로 나타났다. 한국은 2.4%에 그쳤다.

우리나라가 여전히 유학생 수지 적자국 신세를 면치 못하고 있지만 전국

••• 경희대 국제교육원에 유학 중인 외국인 학생들이 한국 전통 악기를 배우고 있다.(경희대 국제교육원 제공)

의 대학마다 낯선 용모와 다른 피부 빛깔의 유학생이 눈에 많이 띈다. 연세대 · 고려대 · 성균관대 등 주요 대학의 외국인 유학생 비율은 10%를 넘는다.

외국인 유학생이 늘어나는 것은 매우 고무적인 일이다. 경제 효과도 톡톡할 뿐 아니라 자연스럽게 친한파親韓派 · 지한파知韓派를 육성할 수 있기 때문이다. 더욱이 저출산 영향으로 대학교 학령인구가 급감하고 있기 때문에 대학마다 유학생 유치에 발 벗고 나서고 있다.

정부는 외국인 유학생을 늘리고자 비자 발급 요건 완화나 장학금 증액 등 다각적인 노력을 기울여왔다. 지난 2013년에는 2020년까지 유학생 20만 명을 유치하겠다는 '스터디 코리아 2020 프로젝트'를 세웠다가 목표 달성 시점을 3년 늦췄다.

한국에서 공부하려면 한국어 소통 능력이 필수적이다. 한국 유학생이 늘어나면서 한국어능력시험TOPIK, Test of Proficiency in Korean 인기도 높아졌다. TOPIK 자격 급수는 유학뿐만 아니라 취업비자나 결혼비자 발급 신청, 영주권 취득 등에도 쓰이기 때문에 응시자 수가 급증하고 있다. K팝이나 한류 드라마 등에 대한 관심 때문에 한국어를 배우려는 사람도 많아졌다.

교육부 산하 국립국제교육원이 주관하는 TOPIK의 누적 응시자는 1997년 1회부터 2017년 11월 치러진 제55회까지 212만168명을 기록했다. 도입 첫해에는 응시자가 2천692명에 불과했으나 2017년에는 29만638명을 헤아렸다. 20년 만에 무려 100배 이상 늘어난 것이다.

2006년까지는 해마다 한 차례 시험을 치르다가 이후 횟수를 늘려 2015년부터는 연간 6회씩 치르고 있다. 시험을 실시하는 나라도 1997년 한국 · 일본 · 우즈베키스탄 · 카자흐스탄 4개국에서 73개국으로 늘어났다. 2014년 34회 때는 미수교국인 쿠바에서도 시험이 치러졌다.

TOPIK의 인기가 높다 보니 신청자가 한꺼번에 몰리는 바람에 국립국제교육원 컴퓨터 서버가 다운돼 홈페이지가 마비되기도 하고, 네팔이나 베트남 등 일부 지역에서는 젊은이들이 대거 TOPIK 시험을 보러 가 온 마을이 텅텅 비는 일도 있다고 한다.

TOPIK 1급과 2급은 듣기와 읽기 200점 만점에서 각각 80점과 140점 이상을 얻어야 한다. 3~6급은 듣기 · 쓰기 · 읽기 합쳐 300점 가운데 120점(3급), 150점(4급), 190점(5급), 230점(6급) 이상 얻으면 된다.

20 어느덧 우리 곁에 다가온 난민

#1. 2017년 11월 25일 오후 서울 강북구 미아동 신일고 체육관. '레게파마' 머리에 피부가 검은 복서가 링에 올랐다. 전형적인 아프리카 흑인이지만 경기복 트렁크 허리에는 한글로 '이흑산'이라고 적혀 있었다. 6개월 전 슈퍼웰터급(69.85kg 이하) 한국 챔피언에 오른 그는 이날 처음으로 펼친 국제전에서 일본의 바바 가즈히로 선수를 3라운드 2분 54초 만에 KO로 눕혔다.

본명이 압둘레이 아싼인 이흑산 선수의 국적은 폴 비야 대통령이 35년째 장기 집권하고 있는 카메룬. 초등학교를 중퇴한 그는 배고픔을 면하려고 복싱 선수가 됐다가 군에 스카우트됐다. 그러나 군대에서 월급을 제대로 주지 않고 무리한 체중 감량을 강요하는가 하면 구타를 일삼자 2015년 10월 경북 문경에서 열린 세계군인선수권대회에 카메룬 대표로 참가했다가 선수단을 이탈해 난민 신청을 냈다.

서울출입국관리사무소가 '증거 불충분'으로 난민 불인정 결정을 내리자 이흑산은 이의 신청을 낸 뒤 프로로 전향해 승승장구했다. 법무부는 "추가 심사를 한 결과 박해받을 것이라는 근거가 충분하고 선수단 이탈과 난민 신청 사실이 고국에 알려져 위험이 가중됐다고 판단했다"며 2017년 7월 18일 난민 지위를 인정했다.

#2. 소피아 킴은 미얀마 서부 산지에 사는 소수민족 친족이다. 고향에서 결혼해 딸 캐롤라인을 낳았으나 남편의 외도 탓에 1년 만에 이혼했다. 미얀마는 불교 국가지만 친족 중에는 개신교 신자가 많다. 소피아는 1996년 목사가 되기로 마음먹고 딸을 친정어머니에게 맡긴 채 필리핀으로 유학해 신학을 공부했다.

그곳에서 나이지리아 출신 시리우스를 만나 재혼했는데 친족 거주지에서는 외국인 출입을 금지해 가족이 모여 살 수 없었다. 그러던 중 한국인 목사가 함께 일하자고 제안해 2003년 세 식구가 한국에 들어왔다. 소피아 가족은 목사 집에 살며 그의 일을 돕고 막노동으로 생활비를 보탰다. 한국에 온 지 4년쯤 됐을 때 그 목사가 갑자기 세상을 떠나 절망에 빠졌다.

다행히 당국은 개신교인인 시리우스가 나이지리아로 돌아가면 이슬람교도의 박해를 받을 가능성이 있다고 인정해 2007년 난민 아래 단계인 인도적 체류자로 결정했고, 가족 결합 원칙에 따라 소피아와 캐롤라인도 함께 머물 수 있게 됐다.

난민에게는 기초생활보장 수급자 대우를 해주지만 인도적 체류자에게는 취업 활동을 할 수 있는 자격만 부여한다. 어려운 환경 속에서도 2017년 현재 캐롤라인은 간호대 4학년에 재학 중이고, 한국에서 낳은 아들 제이콥은 초등학교 2학년이다. 불안정한 환경 속에서도 이들 네 식구는 각기 희망을 가꾸며 열심히 살아가고 있다.

#3. 오랫동안 내전을 겪고 있는 아라비아반도 남쪽의 예멘에는 콜레라까지 창궐해 많은 사람이 죽음으로 내몰리고 있다. 무널 비그산은 후티 반군의 강제 징집을 피해 조국 예멘을 떠났다. 목숨이 아깝기도 했지만 동족에게 총부리를 겨눌 수 없었기 때문이다. 같은 이슬람 국가인 말레이시아를 거쳐 2018년 5월 제주도로 입국한 뒤 난민 지위를 신청했다.

제주도에는 외국인이 비자사증 없이 입국해 한 달까지 머물 수 있는 데다 말레이시아 쿠알라룸푸르와 제주 사이에 저비용 항공사 직항편이 생겨 비그산과 같은 처지의 예멘인이 갑자기 몰려들었다. 2017년 제주도의 예멘인 난민 신청자는 42명에 불과했는데 2018년 1월부터 5월까지 549명으로 폭증했다.

예멘인들의 거주지와 생계 문제 등이 현안으로 떠오르고 범죄 우려까지 대두하자 인터넷에서는 예멘인 입국과 난민 인정을 반대하는 여론이 빗발쳤다. 법무부도 6월부터 비자가 없는 예멘인의 입국을 막았다. 이로써 제주도 무비자 입국 불허 대상국은 시리아 · 이란 · 나이지리아 등 12개국으로 늘어났다. 예멘인 난민 신청자 484명 가운데 2018년 9월 현재 23명만이 인도적 체류 허가를 받은 상태다.

••• 제주난민대책도민연대 회원들이 2018년 7월 14일 제주시에서 집회를 열고 예멘인 난민 신청자 추방과 난민법 개정을 촉구하고 있다.(제주난민대책도민연대 제공)

난민은 인종, 종교, 극심한 빈곤, 특정 집단의 구성원이나 신분 등을 이유로 박해를 받거나 생명의 위협을 받을 우려가 있어 조국을 떠난 사람을 일컫는다. 1951년 유엔이 채택한 '난민의 지위에 관한 협약'과 1967년 체결된 '난민 지위에 관한 의정서'에 따르면, 난민 인정을 받으면 체류 자격을 얻고 각종 사회보장 혜택을 누린다.

2017년 현재 전 세계 난민은 6천850만 명으로 이 가운데 2천540만 명이 국경을 넘었다. 이 중 5분의 1은 팔레스타인 난민이며 시리아 · 아프가니스탄 · 남수단 · 미얀마 · 소말리아도 주요 난민 발생국이다. 최다 난민 수용국은 시리아 난민 350만 명이 거주하는 터키다. 레바논은 인구 대비 최다 난민 수용국이다.

우리나라는 1992년 유엔 난민지위협약과 난민의정서에 가입한 데 이어 1994년 출입국관리법에 관련 규정을 신설해 난민 신청을 받기 시작했다. 2012년에는 아시아 최초로 난민법을 제정해 이듬해부터 시행하고 있다.

1994년 4월부터 2018년 8월까지 난민 신청자는 총 4만4천471명으로 35개 OECD 회원국 중 19번째로 많다. 심사가 종료된 2만1천64명 가운데 난민 인정을 받은 사람은 861명으로 4.1%에 불과하다. 세계 평균 난민 인정률 38%에 한참 못 미친다. 인도적 체류자도 1천554명에 지나지 않는다.

2018년 7월 기준으로 누적 난민 신청자를 국적별로 보면 파키스탄이 4천918명으로 가장 많고 중국(4천451명), 이집트(4천27명), 카자흐스탄(3천545명), 러시아(2천164명) 등이 뒤를 이었다. 2018년 들어 급증한 예멘 출신 신청자는 모두 982명에 이른다. 난민 인정자는 미얀마(268명), 에티오피아(123명), 방글라데시(105명), 파키스탄(59명), 이란(43명) 순으로 많았다.

난민 신청 사유를 보면 종교(1만925명), 정치적 사유(8천867명), 특정 집단 구성원(4천638명), 인종(2천934명), 국적(173명), 기타(1만6천934명) 등이다.

우리나라에서도 6 · 25전쟁 중 많은 난민이 발생해 각국의 도움을 받았다. 유엔난민기구 집계에 따르면 2017년 말까지 한국인 난민 신청자는 631명이며 이 가운데 병역 거부자나 성 소수자 등이 프랑스나 호주에서 난민 인정을 받았다. 난민 문제를 남의 일처럼 여길 수만은 없는 까닭이다.

21 동남아 선원의 눈물로 건져 올린 한국산 생선

지난 2016년 6월 19일, 인도양에서 조업하던 참치잡이 원양어선 광현803호에서 베트남 선원들이 한국인 선장과 기관장을 살해하는 참극이 빚어졌다. 수사 결과 회식 도중 '건배'를 뜻하는 베트남어를 선장이 욕설로 잘못 알아듣고 베트남 선원과 몸싸움을 벌였고, 뺨을 맞은 선장이 "집으로 보내버리겠다"고 하자 강제 하선될 것이 두려워 끔찍한 일을 벌인 것으로 드러났다.

선박은 망망대해에 떠 있는 고립된 공간이어서 선원들의 위계질서가 엄격하다. 선장에게 지휘명령권은 물론 징계권, 강제조치권, 사법경찰권, 선내 사망자 수장권 등 막강한 권한을 부여하는 것도, 선원들이 선장의 명령을 따르지 않으면 배를 탄 모든 사람이 위험에 빠질 수 있기 때문이다. 국제적으로도 선상 반란은 엄격히 처벌하고 있다.

이 사건은 다행히 선상 반란으로까지 번지지는 않았으나 한국 어선에서 일하는 동남아시아 출신 선원들의 근로 실태에 새삼 관심을 품는 계기가 됐다. 해경도 강제 하선 명령에 대한 반발을 직접적인 범행 동기로 판단하면서도 한국인 간부와 외국인 선원 사이의 소통 부재와 외국인 선원에 대한 비인격적 대우 등이 원인이 됐을 것으로 추정했다. 실제로 이전에도 그에 따른 사고가 적지 않았다.

2016년 5월 7일 전북 부안 인근 해역에서 조업 중이던 베트남인 조기잡이 선원이 실종됐다. 그는 잠수 장비도 제대로 갖추지 않은 채 스크루에 감긴 어망을 제거하려고 물에 들어갔다가 물살에 휩쓸렸다. 같은 달 24일에는 인도네시아 선원이 독도 주변 해역에서 바다에 추락해 실종됐다.

2015년 4월에는 참치잡이 원양어선을 탄 필리핀 선원이 심낭염으로 통증을 호소했으나 선장은 "꾀병을 부린다"며 발로 밟거나 갑판에 묶어놓고 벌을 주며 한 달 넘게 방치했다가 사망에 이르게 했다. 2014년 2월 제주 연안에서 조업하던 통발어선에서는 인도네시아 선원이 '일을 제대로 못 한다'는 이유로 한국인 선원들에게 맞아 숨졌다.

외국인 선원을 상대로 한 우리나라 어선의 노동 착취가 국제적으로 문제가 된 것은 2011년의 일이었다. 오양75호의 외국인 선원 39명이 집단 탈출해 뉴질랜드 당국에 신고하자 이듬해 뉴질랜드 정부는 보고서를 통해 한국 원양어선에서 벌어지는 인권 침해가 심각하다고 지적했다. 미국 국무부는 그해 발간한 세계 인신매매 보고서에서, 오양75호에서 벌어진 일을 노예노동의 대표적 사례로 소개했다.

2012년 8월 국가인권위원회 조사에 따르면, 한국 배에서 일한 외국인 선원의 93.5%가 폭언이나 욕설을 들었고 42.6%가 폭행을 당했다. 수협중앙회 통계를 보면 2007년부터 2015년까지 조업 중 사고 등으로 숨진 외국인 선원이 109명에 달한다.

임금 차별도 심해, 2016년 국내 선원들의 최저임금은 164만1천 원인 데 비해 연근해어선 외국인 선원들의 최저임금은 126만5천 원에 그쳤다. 원양어선은 이보다 훨씬 낮아 50만 원을 조금 넘는 수준이며, 광현호의 베트남 선원들도 약 60만 원밖에 못 받았다고 한다. 국가인권위는 2013년 초 임금 차별을 시정할 것을 권고했으나 지금까지 이행되지 않고 있다.

한국 원양어선을 탔던 베트남인 선원 사이에 구전되는 시를 읽어보면 이들이 얼마나 혹독한 노동과 비인격적 대우에 신음하고 있는지 짐작할 수 있다.

"작업이 시작되면 쉬지 않고 18시간 동안 일해요.…그들은 손이 빠른 사람을 좋아해요. 손이 느리면 ××놈이에요.…밥을 먹을 때도 항상 명령해요. 씹지 마라. 그냥 삼켜라. 아무리 급하게 밥을 넘겨도 그들이 말하는 '빨리'보다는 느려요.…일이 끝나도 세수를 하고 이 닦을 시간은 없어요. 어서 누워 담요를 끌어 올려요. 그래야 6시간을 잘 수 있거든요.…내가 넝마를 걸치도록 가난해져도 한국, 이 나라에 올 생각은 꿈에도 하지 않을 거예요. 내게 천금을 준다고 해도.…당신이 과부가 되고, 내 아이들이 고아가 될 수 있으니까요. 그들이 주는 건 보너스가 아니에요. 매일 소처럼, 개처럼 사는 대가예요."

165개국의 회원국을 거느린 국제이주기구IOM 한국대표부는 공익법센터 어필과 함께 2014년 10월부터 2년여에 걸친 조사 결과를 토대로 작성한 보

••• 필리핀 마닐라의 이주어선원 송출업체가
거리에 내건 광고판(IOM 한국대표부 제공)

고서 '바다에 붙잡히다–한국 어선에서 일하는 이주어선원의 인권 침해 실태와 개선 방안'을 2017년 9월 5일 발표했다.

이들은 배를 탈 때부터 소개비와 송출비 명목으로 빚을 지는 경우가 많아 인권 침해 가능성에 노출돼 있다. 보통 하루에 12~15시간 일했으며 20~22시간을 일한 사례도 있었다. 잠자리나 화장실 등 생활 환경도 극히 열악했고 음식도 부실하기 짝이 없었다. 욕설, 폭행, 차별, 강제 추행 등의 사례도 보고됐다.

1980~90년대에는 인신매매단이 팔아넘긴 사람들을 모터가 없는 일명 멍텅구리배에 태워 새우잡이를 시키는 일이 적지 않았다. 원양어선에서도

폭행과 강제노동이 끊이지 않아 국회에서 청문회가 열리기도 했다.

지금 그 배에 탔던 우리나라 선원들의 자리를 동남아 출신 외국인들이 대신하고 있다. 2015년 말 기준으로 우리나라 선박의 외국인 선원은 2만4천624명으로 전체 선원의 42%이며, 어선 선원만 따지면 원양어선과 연근해어선을 합쳐 2만8천635명 가운데 41%인 1만1천815명에 이른다.

이들은 말이 통하지 않고 신분증도 반강제적으로 맡겨둔 상태여서 주변에 도움을 청하기도 힘들다. 더욱이 1천여만 원에 이르는 송출료를 선원들이 각기 부담하고 취업한 사례가 대부분이어서 중간에 하선 명령을 받으면 빚더미에 오른다.

저개발국 농부나 아동의 노동 착취에 기반한 커피나 축구공을 두고 '공정무역'을 실천하자는 바람이 불고 있다. 윤리적이고 공정한 방법으로 생산 · 유통되지 않은 상품은 사지 말자는 운동이다. 우리가 동남아 출신 선원들의 열악한 인권 실태를 계속 외면한다면 한국 어선이 잡은 생선에 대한 불매 운동이 펼쳐질지도 모른다.

22 국제 모어의 날과 다문화 자녀 언어 교육

영국령 인도 제국이 1947년 독립할 때, 이슬람교를 신봉하는 북인도 지역은 파키스탄이라는 이름으로 분리 독립했다. 국토는 양쪽으로 나뉘어 아라비아해 쪽은 서파키스탄, 벵골만 쪽은 동파키스탄으로 불렸는데, 종교는 같지만 주로 쓰는 언어는 우르두어와 벵골어로 각기 달랐다.

국토 면적이 넓고 행정력도 장악한 서파키스탄이 1948년 우표, 화폐, 입대 시험 등에 벵골어 사용을 배제하고 우르두어를 유일한 공식 언어로 채택하려는 움직임을 보이자 동파키스탄 주민은 항의 시위를 벌이고 총파업에 나섰다.

당국의 탄압에도 반대 운동의 열기가 식지 않는 가운데 1952년 2월 21일 파키스탄 총독이 우르두어 유일 정책을 재천명하자 다카 대학교에는 아침부터 많은 학생이 모여들었다. 정문으로 진입하려는 학생들과 이를 저지하는 경찰 간의 충돌이 빚어지던 중 경찰이 시위대를 향해 발포해 대학생을 포함한 시민 4명이 숨졌다. 이 사건이 동파키스탄의 분리 운동에 불을 댕겨 동파키스탄은 기나긴 저항과 전쟁 끝에 마침내 1971년 방글라데시라는 이름으로 독립을 쟁취했다.

유네스코는 1999년 제30차 총회에서 언어의 다양성을 증진하고 소멸 위기에 놓인 모어母語를 보호하자는 취지로, 벵골어 수호 투쟁이 벌어진 2월 21일을 '국제 모어母語의 날International Mother Language Day'로 정해 해마다 기념행사와 캠페인을 펼치고 있다.

모어는 모국어보다 세분된 개념으로 소수 종족이나 부족이 쓰는 말도 포함된다. 유네스코는 본토와는 큰 차이를 보이는 우리나라의 제주도 사투리도 모어의 하나로 분류하고 있다.

성경 번역을 위해 소수 언어를 연구하는 기독교 언어학 봉사 단체 국제하계언어학연구소의 웹사이트 에스놀로그www.ethnologue.com에 따르면, 지구상에 현존하는 언어는 7천97개를 헤아린다. 인구 103만 명에 1개꼴로 존재하지만 인류의 80% 이상은 92개(1.3%)만을 제1언어(모국어)로 사용하고 있다.

표준 중국어(13억 명)를 필두로 스페인어(4억2천700만 명), 영어(3억4천만 명), 힌디어(2억6천700만 명), 아랍어(2억6천만 명)가 5위권을 형성하고 있는 가운데 한국어는 한반도와 중국 동북부 · 러시아 동부 등 7개국 7천730만 명이 사용해 12위에 랭크됐다.

반면에 100명 이하의 사람이 사용하는 소수 언어는 469개이고, 사용자가 없어 이미 소멸한 언어도 220개에 이른다. 2016년 한 해에만 9개 언어가 지구상에서 사라졌고 소멸 중인 언어는 920개, 소멸 위기에 놓인 언어가 1천524개인 것으로 나타났다.

유네스코가 펴내는 '위험에 빠진 세계 언어 지도Atlas of the World's Languages in Danger'는 소멸 위험 언어를 정도에 따라 흰색(취약), 노란색(확실한 위험), 주황색(심각한 위험), 빨간색(치명적 위험), 검은색(소멸) 5단계로 나타내고 있다.

유네스코가 위험 정도를 분류하는 기준은 사용 인구의 많고 적음이 아니라 세대 간의 전승과 단절이다. 대부분의 어린이가 해당 언어를 사용하고 있으나 특정 장소에서만 쓴다면 흰색, 어린이들이 더는 집에서 모국어로 배우지 않는다면 노란색, 노령인구가 사용하고 부모 세대가 이해할 수는 있으나 아이들이나 서로에게 언어를 사용하지 않으면 주황색, 노령인구만이 언어를 부분적이고 드물게 사용한다면 빨간색으로 분류한다.

2010년판 세계지도에는 소멸 위험을 알리는 색깔 표시가 온 대륙을 수놓은 가운데 우리나라 제주도에도 빨간 표시가 돼 있다. 제주어가 '치명적 위험'에 처한 언어로 분류됐기 때문이다.

성경에서는 인간들이 하늘에 닿을 정도의 높은 탑을 세우려고 하자 신이 언어를 각기 다르게 쓰도록 해 탑 건설을 방해하고 인간의 자만심에 벌을 내렸다고 한다. 그러나 독일 언어학자 피터 뮐호이저는 언어의 다양성을 신의 징벌인 소통의 장애물로만 볼 것이 아니라 소중한 자산이라고 강조했다.

오늘날 사용되는 언어들은 각 집단의 삶과 지혜와 적응의 산물로 인류가

••• 서울삼전초등학교 다문화 학생들이 '엄마나라 언어 여행'을 주제로 공연을 펼치고 있다.

수천 년간 노력해온 결과라는 것이다. 에스키모어에는 눈을 가리키는 말이 20가지나 된다. 뉴기니의 한 부족도 어떤 나무의 잎을 쓰임새에 따라 12가지로 다르게 부른다고 한다. 총체적인 문화의 DNA를 담고 있는 한 언어가 사라진다면 이를 사용해온 부족이 축적해온 지혜와 전통도 한꺼번에 자취를 감추고 문화다양성도 그만큼 줄어드는 셈이다.

또 여러 언어를 한꺼번에 가르치는 다언어 교육Multilingual Education은 어린이들의 인지 능력을 높일 뿐만 아니라 다른 사람들의 문화를 이해하는 데도 도움을 준다고 한다. 유네스코가 소멸해가는 언어를 보호하려고 애쓰고 다언어 교육을 장려하는 것도 이를 통해 문화를 풍부하게 하고 세계 평화를 앞당길 수 있다고 믿기 때문이다.

우리나라의 결혼이주여성들이 자녀에게 모국어를 가르치기가 쉽지 않다고 한다. 생업이나 집안일에 바쁘고, 모국어 동화책이나 교재를 구하기도 어려우며, 무엇보다 남편과 시부모가 반대하기 때문이다. 이런 현상은 동남아시아나 중앙아시아 출신 여성들의 경우에 더욱 심하다.

어머니와 자녀의 원활한 의사소통은 자녀의 성장 발달과 정서 함양은 물론 가정의 화목과 결혼이주여성의 심리 안정 등에도 필수적이다. 또 엄마 나라의 문화와 전통과 관습은 엄마 나라의 말로만 자녀에게 온전히 전승해 줄 수 있다.

다문화 자녀들은 장차 무역, 문화, 관광 등 여러 분야에서 부모 출신국 간의 가교 구실을 할 수 있는 소중한 재목들이다. 이들이 양국의 언어뿐만 아니라 문화도 함께 익혀 이중 언어 인재로 성장할 수 있도록 도와야 한다.

바벨탑에 도전한 자멘호프의 꿈

루도비코 라자로 자멘호프는 1859년 12월 15일 폴란드 비아위스토크에서 유대인 교사의 아들로 태어났다. 러시아령이던 그곳에는 폴란드 · 독일 · 유대 · 러시아인이 섞여 살았다. 그는 성경에서 읽은 바벨탑의 전설대로, 말이 서로 달라 의사소통이 원활하지 않고 상호 이해가 부족해 민족 간에 시비와 다툼이 끊이지 않는다고 생각했다.

자멘호프는 누구나 쉽게 배울 수 있고 뜻이 잘 통하는 언어를 창안하기로 마음먹고 고교 시절인 1878년 '링그베 우니베르살라(세계어)'라는 이름의 보편어 초안을 만들어 친구들에게 공개했다.

그는 기존 언어를 대체하는 보편어 대신 같은 민족끼리는 모(국)어를 쓰고 민족 간에는 국제어를 쓰는 '1민족 2언어주의'로 방향을 정하고 1887년 7월 26일 '링보 인테르나찌아(국제어)'를 담은 제1서(우누아 리브로)를 발간했다. 이 책에는 에스페란토의 917개 어근과 16개 문법, 에스페란토로 번역한 성경 구절, 에스페란토 자작시 등을 실었다.

앞표지 뒷면에는 "이 국제어는 모든 자연어와 마찬가지로 사회의 소유물이므로 저작권을 영원히 포기한다"라고 적었다. 그는 '희망하는 사람'이라는 뜻으로 '에스페란토 박사'라는 필명을 썼는데, 이것이 새로운 국제어를 가리키는 말이 됐다.

에스페란토 문자는 모음 5개, 자음 23개로 이뤄져 있다. 모든 문자는 하나의 소리를 내고 항상 뒤에서 둘째 음절에 강세가 온다. 어근은 주로 유럽 언어에서 따왔고 문법 구성은 슬라브어 영향을 많이 받았다.

각 어간에 품사 고유의 어미를 붙여 명사는 o, 형용사는 a, 부사는 e, 동사(원형)는 i로 끝난다. 동사 어미는 시제에 따라 as(현재형), is(과거형), os(미래형)를 붙인다. 예컨대 amo(사랑)란 단어는 ama(사랑의), ame(사랑으로), ami(사랑하다), amis(사랑했다), amas(사랑한다), amos(사

세계에스페란토협회 깃발

랑할 것이다) 등으로 활용된다. 특정한 의미를 지닌 접두어와 접미어로 많은 파생어를 만들어 단어 암기 노력을 덜었다. 아버지는 patro, 어머니는 patrino, 장인은 bopatro, 장모는 bopatrino이다.

1905년 프랑스 불로뉴에서 제1차 에스페란토 세계대회가 열렸고 1908년 세계에스페란토협회가 창립됐다. 그러나 서유럽의 초기 에스페란티스토(에스페란토를 사용하는 사람을 일컫는 말)들은 공산주의자로 낙인찍혔고, 독일의 히틀러는 "유대인을 집결하려 한다"며 탄압했다.

러시아(소련) 정부는 러시아혁명 당시 "세계 프롤레타리아 상호 이해의 수단"이라며 환영했다가 나중엔 "부패한 부르주아 사상의 침투 수단이자 간첩 활동의 도구"라고 비난했다. 일본에서도 좌파 지식인들이 보급에 나섰다가 시련을 겪었다.

우리나라에서는 1906년 일본 잡지에 고종 황제가 에스페란토의 편리함에 찬탄했다는 글이 실려 있다. 최초의 에스페란티스토는 《임꺽정》을 쓴 소설가 홍명희로 1910년 중국에서 배웠다고 한다. 그의 호인 벽초(碧初)는 '첫 번째 초록인'(녹색은 에스페란토 상징 색)이라는 뜻이라고 한다. 그는 1916년 에스페란토에 입문한 김억과 함께 강습을 하며 보급에 나섰다. 남로당을 이끈 박헌영, 시인 변영로, 나비학자 석주명 등도 에스페란토로 글을 남겼다.

660여 개에 이르는 인공어 가운데 지금까지 생명력을 유지하는 것은 에스페란토가 유일하다. 100개가 넘는 언어로 에스페란토 교재가 출간됐고 해마다 100회에 이르는 국제회의가 통역 없이 에스페란토로 진행되고 있다.

네덜란드 로테르담에 본부를 둔 세계에스페란토협회에는 62개국이 가맹돼 있고 약 120개국 200만 명의 에스페란티스토가 있는 것으로 추산된다. 우리나라에서는 1920년 조선에스페란토협회가 창립됐다가 해산되고 1975년 한국에스페란토협회가 출범했다. 국내 에스페란토 사용 인구는 1만여 명을 헤아린다.

23 서양인들의 '눈 찢기'와 우리 안의 이중 잣대

#1. 한국과 콜롬비아 축구 대표팀의 평가전이 벌어진 2017년 11월 10일 수원월드컵경기장. 한국이 2-0으로 앞서 가던 후반 18분 양 팀이 몸싸움을 벌이는 과정에서 콜롬비아의 에드윈 카르도나(보카 주니어스) 선수가 한국의 기성용(스완지시티)을 향해 두 손가락으로 자신의 눈을 양옆으로 당기고 입을 벌리며 조롱하는 제스처를 취했다. 경기가 끝난 뒤 기성용은 취재진에게 "인종차별 행동을 절대 용납할 수 없다"며 분통을 터뜨렸고, 팬들도 인터넷 등에서 비판과 항의를 쏟아냈다.

카르도나는 이튿날 콜롬비아 축구협회 홈페이지에 영상을 띄워 "누구도 비하할 목적은 없었고 내 행동이 누군가를 기분 나쁘게 하거나 오해를 일으켰다면 미안하다"고 사과했다. 콜롬비아 축구협회도 "카르도나 선수가

••• 콜롬비아 축구 대표팀의 에드윈 카르도나가 2017년 11월 10일 수원월드컵경기장에서 열린 한국과의 평가전 도중 기성용을 향해 두 눈을 찢는 동작을 하고 있다.(MBC TV 중계화면 캡처)

한국 선수들을 향해 부적절한 행동을 한 것에 대해 한국 대표팀과 한국 국민에게 정중히 사과드리며 이러한 행위가 다시는 일어나지 않도록 노력하겠다"는 공문을 보냈으나 한국 팬들의 분노는 쉽게 가라앉지 않았다.

더욱이 콜롬비아 방송의 한 진행자가 카르도나의 동작을 재연하며 한국인을 놀리는 영상이 유튜브에 올라와 양국 간 감정싸움으로 번졌다. FIFA국제축구연맹는 카르도나에게 A매치국가대표 간 경기 5경기 출장 금지와 벌금 5만 스위스프랑(약 2천200만 원)의 징계를 내렸다.

#2. 미국 프로야구 월드시리즈 3차전 경기가 펼쳐진 2017년 10월 28일 미국 텍사스주 휴스턴의 미닛 메이드 파크. 쿠바 출신의 휴스턴 애스트로

스 타자 율리에스키 구리엘은 LA 다저스의 일본인 투수 다르빗슈 유를 상대로 홈런을 친 뒤 더그아웃으로 돌아와 눈을 찢는 동작을 취하고 중국 사람을 비하하는 스페인어 '치니토Chinito'라는 말도 했다.

구리엘은 뒤늦게 다르빗슈 선수와 팬들에게 사과했으나 엄청난 비난에 휩싸였고 2018년 시즌 5경기 출장 정지 처분을 받았다. 한국 야구팬들도 구리엘을 비난하고 다르빗슈를 위로하는 글을 쏟아냈다.

미국과 유럽 등지에서는 작고 옆으로 길게 찢어진 듯한 눈을 '칭키 아이chinky eye' 혹은 '슬랜트 아이slant-eyed'라고 부르며 동양인의 생김새를 비하하는 은어로 사용하고 있다. 두 손으로 눈을 양옆으로 당겨 째진 눈을 만드는 동작도 아시아인을 조롱하는 제스처로 쓰인다.

몇 해 전에는 미국 커피 체인점의 점원이 이름 대신 찢어진 눈 모양의 이모티콘을 음료 컵에 그려서 한국인 고객에게 건넸다가 불매 운동을 자초하기도 했다. 입을 벌리고 혀를 내밀며 '우~' 소리를 내는 원숭이 흉내도 아시아인과 아프리카인을 깔보는 동작으로 쓰이고 있다.

유럽 리그의 축구 경기장에서 일부 관중이 기성용이나 손흥민 등 한국 선수를 상대로 이런 동작을 해 말썽을 빚곤 한다. 미국과 유럽에서는 인종차별적 언행을 한 관중에게도 입장 금지 등의 제재를 하고 있다.

카르도나와 구리엘을 향해 쏟아진 한국 팬들의 비난 가운데 주목할 만한 대목이 있다. 일부 네티즌은 "감히 콜롬비아 선수가…", "지들도 유색인종인 주제에…", "쿠바 따위가 어따(얻다) 대고…" 등의 글을 남겼다. 똑같이 백인에게 인종차별을 당하는 처지의 라틴계 인디오 혼혈(메스티소) 선수가,

혹은 우리보다 못사는 나라 출신이 한국인이나 일본인을 놀려 더욱 분노가 치민다는 뜻으로 풀이된다.

2017년 4월 19일 SBS TV의 코미디 프로그램 「웃찾사-레전드매치」에서 개그우먼 홍현희는 흑인 분장을 하고 출연해 흑인을 놀렸다는 비난에 휩싸였다. 미국의 온라인 매체 버즈피드도 이를 소개하며 "사람들은 단지 캐릭터의 검은 피부 때문에 화가 난 것이 아니다. 그들은 겉으로 드러난 모든 것들에 대해 분노했다. 모든 인종에게 이것은 불편하게 느껴진다"며 일침을 놓았다.

한국에서 활동하는 호주 출신의 백인 연예인 샘 해밍턴도 SNS에 "진짜 한심하다. 도대체 이런 말도 안 되는 행동 언제까지 할 거야? 인종을 그렇게 놀리는 게 웃겨? 예전에 개그 방송 한 사람으로서 창피하다"라고 비판의 글을 올렸다.

그러자 개그맨 황현희는 "예전에 '시커먼스'라는 오랫동안 사랑받았던 개그가 있었는데 그것도 흑인 비하인 거냐? 성급한 일반화의 오류를 범하지 말라"고 반박했다가 네티즌의 집중포화를 받고 글을 내려야 했다.

KBS 2TV 「쇼 비디오자키」에서 장두석 · 이봉원 콤비의 '시커먼스'가 인기를 끌던 1987년에는 국내 체류 외국인이 4만5천여 명에 불과했으나 2018년 현재 50배에 이르는 230여만 명을 헤아린다. 기술의 발달과 한류 덕분에 우리나라 TV 프로그램을 전 세계 시청자들이 보고 있기도 하다. 30년 전 잣대를 들이대며 "예전엔 다 그랬는데 이게 무슨 문제냐?"라는 식으로 사고하고 행동하면 시대착오적이라는 비난의 화살을 피할 수 없다.

서양에서도 인종차별 논란이 빈번하게 일어난다. 유색인종에 대한 백인들의 우월감은 훨씬 뿌리가 깊다. 그러나 우리나라보다 앞서, 비교적 오랜 기간에 걸쳐 다문화사회로 이행돼왔으므로 인종차별 기준과 원칙에 관한 공감대가 만들어져 있다. 설혹 아시아인이나 흑인을 깔보는 마음을 품고 있다 해도 그것을 공개적으로 드러내면 안 된다는 상식을 대부분 지니고 있으며, 이를 어기면 제재나 처벌을 받는다.

2014년 개봉한 영화 「국제시장」에는 독일의 탄광과 베트남 전쟁터에서 돈을 벌고 귀국해 노인이 된 주인공 덕수(황정민 분)가 동남아 출신 노동자를 놀리는 고등학생들을 나무라는 대목이 등장한다.

오랫동안 인종차별의 피해자로 살아온 한국인이 외국인 노동자에게 가해자의 모습을 보이면 이들 역시 "자기들은 언제부터 잘살았다고…"라는 비아냥거림을 쏟아낼 것이다. 외국인들의 인종차별에 분노만 할 것이 아니라 우리 안의 이중 잣대를 돌아봐야 한다.

24 고니가 되어 날아오르는 미운 오리 새끼 한현민·배유진

한현민은 국내 최초의 흑인 혼혈 패션모델이다. 2018년 현재 고등학교(서울 강서구 화곡동 한광고) 2학년생이며 데뷔 3년 차 신인인데도 2017년 10월 동대문디자인플라자DDP에서 열린 국내 최대 패션쇼 서울패션위크에서 20여 개 브랜드 무대에 섰을 정도로 톱 모델로 떠올랐다. 그해 미국 시사 주간지 〈타임〉이 선정한 '전 세계 가장 영향력 있는 10대 30인' 명단에 한국인으로는 유일하게 이름을 올렸다.

단편영화와 CF에 등장하는가 하면 tvN 「나의 영어 사춘기」와 KBS 2TV 「1%의 우정」에 고정 출연하고 숱한 TV와 라디오 프로그램에 초대되는 등 폭넓은 활약을 하고 있다.

한현민은 나이지리아 출신 아버지와 한국인 어머니 사이에서 6남매의

맏이로 서울 용산구 이태원동에서 태어났다. 190㎝ 65㎏의 훤칠한 몸매에 까무잡잡한 피부와 뚜렷한 얼굴 윤곽을 지녔다.

지금은 이국적이고 개성 넘치는 외모라고 호평받기도 하지만 어릴 때부터 놀림을 많이 받았다. 길을 나서기만 해도 신기한 듯 쳐다보는 시선이 쏟아졌고, 친구와 친해질 만하면 "엄마가 너랑 놀지 말래"라는 말과 함께 멀어지는 일이 거듭됐다.

집안이 넉넉지 않아 야구 선수가 되겠다는 꿈도 접었다. 중학교 들어가기 직전에 키가 훌쩍 크다 보니 막연하게 모델을 하면 좋겠다고 생각했다가, 모델이 된 학교 선배를 보고 결심을 굳혔다.

그러나 모델 세계에도 흑백 인종차별이 심했고 조건이 열악해 시급도 제대로 못 받는 경우가 허다했다. 한번은 프로필 사진 촬영비만 내면 해외 오디션을 보게 해주겠다는 말에 속아 돈을 날렸다. 남은 건 사진 몇 장뿐이었는데 이를 SNS에 올렸더니 지금의 소속사인 SF엔터테인먼트 대표에게서 연락이 와 계약했다. 2016년 3월 한상혁 디자이너의 '2016 F/W 시즌 에이치에스에이치heich es heich 쇼' 오프닝 무대를 꾸미며 신고식을 치렀다.

힘든 가운데서도 그를 버티게 해준 것은 틈날 때마다 어머니가 들려준 "넌 특별한 존재란다. 꼭 좋은 일이 있을 거야"라는 말이었다. 다른 하나는 합창이었다. 한국다문화센터가 운영하는 레인보우합창단에 들어가니 자신과 비슷한 처지의 친구가 수두룩해 위안을 얻었다. 또래 친구들과 화음을 맞춰 노래하다 보면 시름과 걱정도 사라졌다. 2011년 8월 15일 서울 세종문화회관 대극장에서 열린 제66주년 광복절 기념식에서는 필리핀 다문화 자녀 김은아 양과 함께 애국가를 선창하기도 했다.

••• 겨울 의상을 입고 함께 포즈를 취한 한현민(오른쪽)과 배유진(한국다문화센터 제공)

2017년 9월에는 여성가족부의 '다문화 인식 개선 홍보대사'로 위촉됐고 그해 10월 한복 홍보대사를 맡았다. 그는 학교에 다니랴, 모델 일을 하랴, TV에 출연하랴 바쁜 가운데서도 봉사 활동에 열심이다. 2017년 12월 이상봉 자선 패션쇼에서 다문화가정 어린이들에게 모델 워킹과 포즈를 가르쳤는가 하면 JTS 빈곤 퇴치 거리 모금 캠페인에 참여했다.

배유진은 여자 한현민으로 불린다. 레인보우합창단에서 노래하다가 패션모델로 데뷔했으며 같은 한광고에 진학했다. 175㎝ 49㎏의 늘씬한 몸매와 긴 팔다리, 곱슬머리와 검은 피부 등 여러모로 한현민과 공통점이 많지만 가정환경만 따지면 훨씬 어렵게 자랐다. 무남독녀인 데다 비혼모인 어머니가 그리스에서 그를 낳은 뒤 한국에서 홀로 키웠기 때문이다. 아버지는 나이지리아계 미국인으로 알려졌다.

배유진은 한국계 흑인 혼혈의 롤모델인 미국의 미식축구 스타 하인스 워드가 2006년 4월 방한했을 때 펄벅 재단 주선으로 그를 만나 도움을 받아왔다. 워드가 2017년 7월 한국을 찾았을 때도 11년 만에 재회했다.

배유진은 어린이집을 다닐 때부터 숱하게 놀림을 받아도 집에 와서는 내색하지 않았다. 어머니가 슬퍼할 것 같았기 때문이다. 어느 날 학교에서 돌아오는 길에 한 친구가 '아프리카 깜둥이'라고 놀렸는데, 아파트 베란다에 있던 어머니가 그 말을 들었다. 어머니와 끌어안고 펑펑 운 뒤 다시는 울지 않기로 약속했다.

그는 노래를 좋아했고 어머니도 성당에서 성가대원으로 오랫동안 활동했다. 광복절에 한현민이 애국가를 부르는 모습을 TV로 보고 레인보우합창단에 들어가기로 했다. 오디션을 거쳐 입단한 뒤 처음 배운 노래가 그룹 아바의 '아이 해브 어 드림I have a dream'이었다. 흑인 민권운동가 마틴 루서 킹 목사의 명연설 제목이기도 한 이 노래를 부르며 배유진도 힘을 얻고 꿈을 키워갔다.

모델로 나선 계기는 우연히 찾아왔다. 2017년 6월 친구가 잡지 사진을 찍는다고 해 구경 삼아 따라갔다가 사진 기자의 권유로 포즈를 취했고 패션 잡지 〈얼루어ALLURE〉에 사진이 큼지막하게 실렸다. 모델 에이전시에서 제의가 와서 넉 달 훈련한 뒤 한현민과 함께 서울패션위크 런웨이에 섰다.

데뷔 무대에서 이례적으로 9차례나 캣워크를 선보였다.

이제는 꿈도 성악가나 가수에서 모델로 바꿨다. 더 잘할 수 있는 일이라고 여기기도 했고, 고생하는 어머니를 생각해 당장 돈을 벌 수 있는 길을 택한 것이다. 남과 다른 자신의 외모가 싫다고 생각한 적도 있었지만 이제는 그런 자신이 자랑스럽고, 남과 같아지려고 애쓸 필요도 없다는 사실을 깨닫게 됐다.

흑인 혼혈들은 백인 혼혈이나 아시아계 다문화가정 자녀에 비해 훨씬 심한 차별과 냉대를 받아왔다. '깜둥이'라고 놀림받는 건 보통이고 '연탄'이니 '식인종'이니 하는 험한 말도 들어야 했다. 보통 흑인이 백인보다 못살다 보니 아버지의 도움을 받기가 어려운 경우가 많아 경제적인 고통도 더 크다.

가요계에서는 박일준 · 인순이 · 윤미래 · 소냐 등 흑인 혼혈 가수를 찾아볼 수 있지만 그동안 모델 분야에서는 혼혈도 다니엘 헤니 · 데니스 오 · 김디에나 · 이유진 등 백인계 일색이었다. 한현민과 배유진의 등장이 우리 사회의 포용력이 커진 징후로 느껴져 반갑다. 한동안 미운 오리 새끼 취급을 받다가 고니가 된 이들의 힘찬 비상을 응원한다.

Chapter 04

세계를 누비는 글로벌 코리안

25 한국사의 글로벌 리더 이위종·유길준·서재필

이상설 · 이준 · 이위종으로 이뤄진 특사단은 고종 황제의 밀명을 받고 제2차 만국평화회의가 열리던 네덜란드 헤이그에 1907년 6월 25일 도착했다. 44개국 대표단을 상대로 을사늑약의 부당함을 알리고 일제 침략의 야욕을 폭로하려 했으나 일본의 집요한 방해와 열강의 외면으로 회의장에 입장하지 못했다.

그러자 특사단은 현지 기자들에게 억울한 처지를 호소하고 나섰다. 이때 실력을 발휘한 것은 이위종이었다. 특사 가운데 가장 나이가 어리고 직급도 낮았으나 인터뷰를 도맡아 기자들에게 대한제국의 입장을 설명하는가 하면 7월 8일 국제기자클럽에 초청돼 각국 기자들 앞에서 불어로 연설했다. 기자들은 연설에 감복해 즉석에서 한국 지지 결의문을 만장일치로 채택했다.

1887년 이범진의 둘째 아들로 태어난 이위종은 주미 특명전권공사, 러시아 · 프랑스 · 오스트리아 3국 특명전권공사, 주러시아 공사를 지낸 아버지의 임지를 따라다니며 외국어와 서양식 매너를 익혔다. 영어 · 불어 · 러시아어 등 7개 국어를 능숙하게 구사했고 국제 정세에도 밝았다.

러시아 상트페테르부르크에서 중학교를 졸업하고 프랑스 파리 군사학교에 입학했으며 1905년 러시아 귀족의 딸 엘리자베타 놀켄과 결혼했다. 당대 최고의 청년 국제 엘리트이자 차세대 글로벌 리더로 손색이 없었다. 고종 황제와 같은 전주 이씨라는 점을 들어 그를 '프린스왕자'라고 보도한 언론도 많았다.

이위종은 1908년 러시아 연해주로 건너갔다. 그해 4월 숙부인 이범윤과 최재형 등과 함께 의병 단체 동의회를 발족해 한반도와 만주 접경 지역에서 항일 전쟁을 벌였다. 7월 두만강 전투에서 일본군에 패하고 이범윤과 최재형 세력이 대립하자 상트페테르부르크로 돌아갔다.

1911년 1월 26일 부친이 자결한 뒤 철도 세관원으로 생활하며 아내와 세 딸을 데리고 어렵게 생계를 꾸렸으나 자세한 행적은 전하지 않는다. 제1차 세계대전이 발발하자 러시아 블라디미르 사관학교를 거쳐 장교로 임관했다가 러시아혁명 때 적군의 일원으로 일본군과 싸웠다는 소문도 있고, 1919년 8월 모스크바에서 열린 한국 해방 지지 결의대회에서 연설했다는 주장도 있다.

서양에서 근대 학문을 처음 공부한 인물은 유길준이다. 1881년 신사유람단을 일본에 파견할 때 어윤중의 수행원으로 동행했다가 근대 교육기관

게이오慶應의숙에 입학해 최초의 일본 유학생이 됐다. 그는 보빙사에도 참여해 민영익 · 홍영식 · 서광범 등과 함께 1883년 7월 미국을 방문했다가 민영익의 권유와 통역사 퍼시벌 로웰의 주선으로 눌러앉아 신학문을 익혔다. 우리나라 최초의 국비 미국 유학생이 된 것이다.

더머 아카데미 3학년으로 편입해 하버드대를 목표로 공부하던 1884년 12월 갑신정변이 일어나 학비 지원이 끊기자 1885년 6월 귀국길에 올랐다. 그는 막바로 태평양을 건너지 않고 대서양 건너 영국 · 프랑스 · 독일 · 네덜란드 · 스페인 · 포르투갈 등지를 돌아본 뒤 싱가포르 · 홍콩 · 일본을 거쳐 그해 12월 입국했다. 일본과 미국 유학 시절 배운 지식, 미국과 유럽 각국에서 보고 들은 것과 느낀 점 등을 담은 것이 《서유견문》이다. 최초로 국한문 혼용체로 쓰였으며 우리나라 국제 인문 지리서의 효시이기도 하다.

••• 이위종(좌), 유길준(우)

그는 1894년 갑오경장과 함께 요직에 등용돼 서구에서 배운 개혁 정책을 추진하는 데 앞장섰다. 양력 채용, 과거제 폐지, 노비제 폐지, 은행 설립, 단발령 등이 이때 시행됐다. 왕세자의 상투를 잘라준 것도 유길준이었다.

1884년 갑신정변이 3일천하로 끝나자 김옥균을 비롯한 정변의 주역들은 일본으로 도피했고 이 가운데 서재필 · 박영효 · 서광범은 이듬해 미국 망명길에 올랐다. 곧바로 일본에 돌아온 박영효, 1894년 청일전쟁 직후 조선으로 귀환한 서광범과 달리 서재필은 막노동을 하며 지금의 조지워싱턴대인 컬럼비아대 의대를 졸업하고 의사 면허를 취득했다. 대학에 다니던 중 1890년 6월 10일 한인으로는 처음으로 미국 시민권을 받았다

1895년 12월 박영효의 권유로 10년 만에 조선으로 돌아와 이듬해 4월 7일 〈독립신문〉을 창간했다. 신문의 날은 이날을 기념한 것이다. 그는 〈독립신문〉 논설을 통해 독립정신을 일깨우고 관리들의 부패를 고발하는가 하면 민주주의 도입과 근대 교육의 필요성을 역설했다. 배재학당에서 세계사와 정치학 등을 강의하고 독립문을 세웠으며 만민공동회를 열기도 했다.

그러나 수구 정치가들로부터 공격을 받고 러시아와 일본이 추방 압력을 넣자 1898년 5월 미국으로 돌아갔다. 1919년 3 · 1운동 소식을 접하자 필라델피아에서 한인대회를 열어 미국 정부에 보내는 호소문을 채택하고 거리 행진을 이끌었다. 상해 임시정부 외교위원장 자격으로 1922년 워싱턴 군축회의에 독립청원 연명서를 제출했으며, 1925년에는 호놀룰루 범태평양회의에 한국 대표단의 일원으로 참석해 일제를 규탄했다.

고대에도 국제적 안목과 도전 정신으로 외국에 진출해 이름을 떨치고 뚜렷한 업적을 남긴 인물이 적지 않다. 고구려 유민인 당나라의 고선지 장군은 8세기 서역 원정으로 무공을 떨쳤고 동서 문화 교류에도 큰 영향을 끼쳤다.

비슷한 시기 신라 승려 혜초는 중국으로 유학을 떠났다가 불법의 뿌리를 찾기 위해 인도와 아프가니스탄 등 중앙아시아를 답사했다. 그가 쓴 여행기 《왕오천축국전》은 1908년 프랑스 탐험가 펠리오에 의해 발견돼, 당시의 생활상을 알려주는 소중한 사료로 평가받고 있다. 9세기 인물인 장보고는 당나라에 건너가 무장으로 지내다가 귀국한 뒤 완도에 청해진을 설치하고 동아시아 해상 무역 네크워크를 구축했다.

전 세계 재외동포는 얼마나 될까

외교부가 2년마다 발표하는 통계에 따르면, 2016년 말 기준으로 외국에 거주하는 동포는 743만 664명이다. 1972년 집계를 시작한 이래 2009년과 2013년을 제외하고 해마다 증가세를 기록했는데, 2년 전보다는 24만5천792명(3.42%) 늘어났다.

재외동포는 조사 대상 194개국 가운데 15개국을 제외한 179개국에 살고 있다. 동북아시아가 336만6천656명으로 가장 많고 다음은 북미 273만3천194명, 유럽 63만730명, 남아시아태평양 55만7천739명, 중남미 10만6천784명, 중동 2만4천707명, 아프리카 1만854명 등의 순이다.

나라별로는 중국(254만8천30명), 미국(249만2천252명), 일본(81만8천626명), 캐나다(24만 942명), 우즈베키스탄(18만1천77명), 호주(18만44명), 러시아(16만9천680명), 베트남(12만4천 458명), 카자흐스탄(10만9천132명), 필리핀(9만3천93명), 브라질(5만1천534명), 독일(4만 170명), 영국(3만9천934명), 뉴질랜드(3만3천403명), 인도네시아(3만1천91명)의 차례다.

내전 중인 시리아와 소말리아를 비롯해 가이아나, 나우루, 리히텐슈타인, 모나코, 바하마, 사모아, 소말리아, 쿡 제도, 투발루 등에는 재외동포가 한 명도 살지 않는 것으로 나타났다. 산마리노에는 1명, 바베이도스 · 안도라에 각 2명, 세인트루시아 · 예멘 · 지부티 · 코모로 · 콩고공화국 각 4명, 몬테네그로 · 카보베르데 각 6명이 거주한다.

재외동포를 거주 자격별로 보면 475만8천528명(64.0%)이 외국국적자(시민권자)이고 나머지는 영주권자 104만9천210명(14.1%), 일반체류자 135만4천220명(18.2%), 유학생 26만284명(3.5%) 등 재외국민이다.

공식 통계는 아니지만 우리나라의 재외동포 수는 중국 · 이탈리아 · 이스라엘 · 인도에 이어 5번째이고 인구 대비로는 이스라엘 다음이라고 한다.

한국인은 세계 각국에 골고루 퍼져 살고 있다. 유대인 · 이탈리아인 · 아일랜드인이 유럽과 북

2017년 7월 23일 오후 러시아 우수리스크 고려인문화센터에서 열린 1937 통곡의 연해주 '진혼 문화제'에서 고려인 4세들이 전통 검무를 선보이고 있다.

미에 집중돼 있고, 일본인이 미국과 브라질에 몰려 있는 것과 비교된다. 한국인이 살 것 같지 않은 소국이나 오지 · 낙도를 방문했다가 동포를 만나 놀라움과 반가움을 느꼈다는 사례는 수두룩하다.

국제이주는 전쟁 · 재해 · 기근 때문에 많이 발생하고 최근에는 일자리가 가장 큰 요인으로 떠오르고 있다. 선진국과 후진국 간에도 다른 특성이 발견된다. 한국인의 이민 배경은 거의 모든 요인을 포괄할 만큼 다양하고 선후진국 특징을 함께 지닌다.

조선 말 흉년을 피해 중국 만주와 러시아 연해주로 이주한 것을 필두로 구한말 미국 하와이와 멕시코 농장으로 이민길에 올랐는가 하면 빼앗긴 국권을 찾으려고, 일제의 수탈을 견디다 못해, 징용으로 끌려가 고향을 등졌다. 광복 후에도 입양, 국제결혼, 노동이민, 유학, 파견, 창업 등으로 모국을 떠나는 행렬은 계속됐고 자녀 교육이나 정치적 이유로, 혹은 노후를 즐기려고 이민을 택한 사람도 적지 않았다. 특이하게도 6 · 25전쟁 때 제3국을 택한 전쟁포로도 있었고, 최근에는 성 소수자나 양심적 병역 거부자로 호주나 프랑스 등에서 난민 인정을 받은 사례도 있다.

지구촌 시대가 도래하긴 했어도 재외동포는 대한민국의 소중한 자산이다. 이들은 차별과 냉대 속에 힘들게 번 돈을 모국으로 송금하는가 하면, 누가 시키지 않았는데도 민간 외교관이자 한국 상품의 홍보대사이자 한류의 전도사로 나서 한국의 경제 성장과 국가 브랜드 제고에 이바지했다. 부모에게서 버림받은 입양인들도 뒤늦게 뿌리 찾기에 나서거나 조국과 동포를 위한 봉사에 앞장서고 있다.

26 마를 새 없는 고려인의 눈물

러시아 공식 문서에 따르면, 러시아의 한인 이주사는 1864년 시작된다. 그해 1월 함경도 무산과 경흥 출신 14가구 65명이 건너와 포시에트의 지신허地新墟 · 치진헤 마을을 개척하며 농사를 짓고 있다고 기록돼 있다.

착취와 기근 등을 피해 두만강을 넘는 조선인은 해가 갈수록 불어났고 1869년 홍수로 인한 '기사흉년'이 발생해 함경도 농민 6천500여 명이 대거 이주했다. 1897년 인구조사에 따르면, 한인이 2만6천 명을 넘어섰고 이 가운데 일부는 중앙아시아와 유럽으로도 진출했다.

러시아인들은 조선인을 '코리안'이라는 뜻의 '카레이츠' 혹은 '카레이스키'라고 불렀다. 당시 국호는 조선이었지만 서양에서는 코리아라고 불렀으니 한인들도 러시아인이 부르던 말을 직역해 조선인 대신 고려인을 자처했다.

1905년 을사늑약이 체결되고 1910년 강제 합병이 이뤄지던 시기를 전후해서는 빼앗긴 국권을 되찾고자 우국지사들이 대거 건너가 연해주는 항일 독립운동의 요람이 됐다. 이상설 · 이범윤 · 이위종 · 최재형 · 안중근 · 이동휘 · 이동녕 · 홍범도 등이 이곳을 기반으로 민족의식을 일깨우고 국내 진공 작전을 펼쳤다.

1917년의 러시아혁명 이듬해 5월 11일 이동휘를 비롯한 민족주의적 사회주의자들과 김알렉산드라 · 오하묵 등 한인 2세 볼셰비키 당원들은 하바롭스크에서 아시아 최초의 사회주의 정당인 한인사회당을 결성하기도 했다.

1919년 3 · 1운동 이후 독립군 세력이 속속 연해주에 집결하자 1920년 4월 일본은 블라디보스토크의 신한촌을 급습해 한인 300여 명을 학살하고 방화와 파괴를 저질렀다. 이른바 '4월 참변신한촌 참변'이다.

1921년 6월에는 국제 공산주의 조직 코민테른의 지원을 업은 고려공산당(이르쿠츠크파)과, 한인의 지지가 두터운 민족주의 계열의 한인사회당(상해파)이 주도권 다툼을 벌이던 중, 볼셰비키 혁명군(적군)과 이르쿠츠크파가 상해파를 공격해 300명 넘게 숨졌다. 이 사건이 '자유(스보보드니)시 참변(흑하사변)'이다.

1930년대 연해주에는 고려인이 20만 명 넘게 거주했다. 한글 신문과 잡지가 발간되고 공연 단체도 등장했다. 1932년 창단된 고려극장은 지금도 카자흐스탄에서 명맥을 잇고 있다. 한국어로 교육하는 학교도 곳곳에 설립돼 고려인 교사들을 가르치는 사범대까지 생겨났다.

••• 1937년 각각 15세와 12세의 나이로 연해주에서 중앙아시아로 끌려온 곽응호(좌) 씨와 천억실(우) 씨가 2017년 8월 1일 카자흐스탄 우슈토베에서 열린 '고려인 강제이주 희생자 진혼식'에서 80년 전 상황을 증언하고 있다.

그러나 또다시 시련이 닥쳤다. 1937년 스탈린이 일본 간첩의 침투를 막는다는 이유로 강제 이주 명령을 내린 것이다. 그나마 어렵게 자리 잡은 터전을 버리고, 세간살이는 물론 수확을 앞둔 농작물까지 남겨둔 채 시베리아횡단열차를 타고 중앙아시아로 떠나야 했다. 이에 앞서 소련 정부는 고려인 지도자급 인사 2천500여 명에게 간첩 혐의를 씌워 처형했다.

위생 시설이 전혀 없고 난방 장치도 제대로 갖춰지지 않은 열차에 짐짝처럼 실려 한 달간 6천500㎞를 달리는 과정에서 굶주림과 추위 등으로 희생자가 속출했다. 모두 16만에서 20만 명이 이동하는 과정에서 1만1천~1만6천 명이 숨졌고 영유아는 5명에 1명꼴로 죽어나갔다.

허허벌판에 버려진 고려인들은 토굴을 파고 갈대로 지붕을 이어 급한 대로 눈보라를 피했다. 가져온 양식은 금세 동이 나 긴 겨울을 초근목피로 연명해야 했다. 그래도 볍씨를 비롯한 곡물과 채소 종자만은 소중히 보관하고 있다가 이듬해 봄이 되자 황무지를 논밭으로 일궈 뿌렸다.

소련 당국은 보상과 지원은커녕 일본과 같은 적성敵性국민으로 낙인찍어 고려인을 탄압했다. 고려인들은 거주 이전의 자유가 없어 지정된 구역을 벗어나지 못했고 치안기관의 엄격한 감시를 받았다. 민족학교도 폐쇄되고 정계와 공직 진출도 제한받았다. 고려인에 대한 감시와 차별은 1953년 스탈린이 죽고 나서야 중단됐다.

연해주에서 뿌리째 뽑혀 중앙아시아에 내던져졌어도 고려인들의 생명력은 놀라웠다. 특유의 성실성과 우수한 기술로 벼농사와 목화 재배 등에 탁월한 실적을 거뒀을 뿐만 아니라 2세 교육에도 힘써 각 분야에서 두각을 나타낸 인물이 속출했다.

하지만 1991년 소련 해체는 또다시 고려인에게 시련을 안겨주었다. 유일한 공용어 러시아어만 구사한 터라, 연방에서 독립한 중앙아시아 나라들이 민족어를 공용어로 선포하자 각종 전문직과 공직에서 밀려나 하층민으로 전락하는 일이 비일비재했다.

피땀 흘려 이룬 터전을 버리고 다시 살길을 찾아 러시아어 사용 지역으로 떠나는 행렬이 줄을 이었다. 이 가운데 상당수는 선조들이 강제 이주 전에 거주했던 '제2의 고향' 연해주를 택했다. '제1의 고향'인 한국을 택한 이들도 있었다.

외교부 집계에 따르면, 2016년 말 기준으로 구소련권 고려인은 우즈베키스탄에 17만8천607명, 러시아 16만3천325명, 카자흐스탄 10만7천169명, 키르기스스탄 1만6천957명, 우크라이나 1만2천711명, 벨라루스 1천265명, 투르크메니스탄 1천85명, 타지키스탄 638명이 살고 있다. 모국 귀환 동포는 4만 명이 넘는 것으로 추산된다.

국내에 들어온 고려인 4만여 명 가운데 현재 경기도 안산에 7천여 명, 광주광역시 광산구에 3천500여 명이 거주하고 있다. 이들은 생김새가 한국인과 똑같지만 대부분 한국어를 전혀 못하기 때문에 막노동이나 허드렛일에 종사하고 있다.

생계와 차별 문제 못지않게 이들을 슬프게 만드는 일은 또 있다. '재외동포의 출입국과 법적 지위에 관한 법률'재외동포법에 따라 고려인도 취업 비자를 비교적 쉽게 받을 수 있긴 하나 동포 3세까지만 인정하므로, 동포 4세가 성인이 되면 출국해야 하는 것이다.

새로운 이산가족을 만든다는 비판이 쏟아지자 정부는 2019년 6월까지 한시적으로 방문 동거 자격을 인정하는 조치를 2017년 9월 내놓았다. 고려인 지원 단체들은 법률 개정을 통해 근본적인 해결책을 마련해야 한다고 촉구하고 있다.

고려인의 페치카 최재형과 하늘을 나는 장군 홍범도

1860년 함경북도 경원에서 노비의 아들로 태어난 최재형은 1869년 7월 '기사흉년'이 닥치자 아버지를 따라 러시아 첫 한인 정착지인 연해주 포시에트의 지신허 마을로 이주했다. 인근 연추(煙秋 · 얀치헤) 마을로 옮겨 가 러시아 학교를 다니던 중 어려운 가정 형편을 비관해 가출했다.

11세 때부터 포시에트 항구에서 허드렛일을 하다가 선장 부부의 귀여움을 받아 6년 동안 상선을 타고 전 세계를 누볐다. 이때 익힌 러시아어와 얻은 견문은 큰 자산이 됐다. 1877년 무역회사에 들어가 실무를 배운 뒤 러시아군의 통역으로 활동하다 군납회사를 차려 큰돈을 벌었다. 1884년 6월 조러통상조약이 체결되자 러시아로 귀화했다.

최재형은 러시아 정부의 신임을 얻어 1893년 연추의 도헌(군수)으로 임명됐다. 1896년에는 러시아 상트페테르부르크에서 열린 니콜라이 2세의 황제 대관식에 참석하고 러시아 정부의 훈장도 받았다. 그래도 고려인과 모국에 대한 그의 사랑은 변함이 없었다. 30여 곳의 학교를 세우고 목축을 장려하는 등 고려인 계몽과 가난 퇴치에 팔을 걷어붙였다. 난로라는 뜻의 '페치카'라는 별명을 얻은 것도 그때였다.

그는 1905년 을사늑약 체결을 계기로 그동안 번 돈과 남은 생을 국권 회복 운동에 바치기로 결심했다. 1907년 헤이그 특사로 가던 이상설과 이준이 그의 집에 머물렀고, 안중근도 1909년 거사를 앞두고 이곳에서 사격 훈련을 했다. 이범윤 · 이위종 · 엄인섭 등과 함께 항일 단체 동의회를 결성하고 국내 진공 작전을 펼치기도 했다.

1911년에는 이상설 등과 권업회를 조직해 항일의식 고취에 힘을 쏟았다. 1917년 결성된 전로한족중앙총회의 명예회장으로 추대된 데 이어 1919년 3 · 1운동 후 출범한 대한국민의회의 외교부장에 임명됐다가 대한국민의회가 상해 임시정부로 통합되자 재무총장으로 선임됐으나 수락

하지 않았다.

1920년 일제가 신한촌 등 고려인 밀집 지역을 습격해 독립운동가들을 사살하고 가옥에 불을 지른 4월 참변 때 최재형도 일본군에 붙잡혀 순국했다. 그가 말년에 살던 우수리스크의 집은 러시아인의 손에 넘어가 한동안 방치되다가 재외동포재단 도움으로 2014년 고려인민족문화자치회가 매입했다. 이 집은 기념관으로 꾸며져 개관을 눈앞에 두고 있다.

홍범도는 고려공산당의 일원이었다가 소련군에 몸담은 반면, 김좌진은 민족주의 노선을 고수하다가 조선공산당원에게 살해됐다. 그러다 보니 일제강점기 최대 대첩으로 꼽히는 청산리 전투가 두 사람의 연합 작전으로 이뤄진 것인데도 남한에서는 김좌진만 부각하고 북한은 아예 홍범도의 단독 작전으로 소개하고 있다.

홍범도는 1868년 평안도 평양에서 빈농의 아들로 태어났다. 7일 만에 어머니를 여의고 8세 때 아버지마저 세상을 떠나 작은아버지 집에 살다가 다른 집 머슴살이도 했다. 15세 때 평안 감영의 나팔수로 입대했으나 군대의 비리를 목격하고 병영을 뛰쳐나온 뒤 제지공장 노동자와 금강산 신계사 승려를 거쳐 산짐승을 잡는 포수 노릇도 했다.

1894년 동학농민운동과 이듬해 을미사변을 계기로 항일 운동에 뛰어들기로 결심한 그는 1895년 11월 강원도에서 포수와 빈농 40여 명을 규합해 의병 부대를 꾸렸다. 1904년 가을에는 함경도 북청의 일진회 사무실을 습격했고, 1907년과 1908년에는 함경도 일대에서 수십 차례 게릴라전을 벌여 일본 군경을 무찔렀다. 당시 함경도에는 “홍대장 가는 길에 일월이 명랑한데 왜적 군대 가는 길엔 비가 내린다”라는 노랫말의 ‘날으는(나는) 홍범도가’가 유행했다.

최재형(좌), 홍범도(우)

홍범도는 1908년 11월 러시아 연해주로 망명해 국내 진공 작전을 펼치고 1910년 6월 우수리스크에서 결성된 13도의군에 참여했다. 1919년 5월 대한독립군을 창설한 뒤 8월 함경도 혜산진의 일본군 수비대를 습격해 이름을 떨쳤다. 3 · 1운동 후 만주와 연해주에서 편성된 독립군 부대가 벌인 최초의 전투였다.

1920년 6월에는 일본군 19사단의 추격 대대를 궤멸한 봉오동 전투를 이끌었다. 대한민국 임시정부에 따르면 일본군 전사자가 157명이고, 홍범도 일지에는 일본군 310명을 사살한 것으로 적혀 있다. 독립군 사망자는 4명에 불과했다. 10월 보복전에 나선 일본군 대부대를 김좌진의 북로군정서와 합세해 무찌른 것이 청산리 전투다. 독립군도 100여 명의 사상자를 냈으나 일본군은 2천여 명이 전사하고 1천여 명이 부상했다.

일본군의 대대적인 토벌을 피해 1921년 1월 만주에서 다시 연해주로 옮겨 간 홍범도는 그해 6월 '자유시 참변' 때 이르쿠츠크파 편에 섰다가 소련군의 일원이 됐다. 1922년 1월 모스크바에서 개최된 극동인민대표자회의에 김규식 · 여운형 · 조봉암 등 50여 명의 독립운동가와 함께 초청받아 레닌을 접견하고 레닌 이름이 새겨진 권총 한 자루, 금화 100루블, '조선군 대장'이라고 쓴 레닌 친필 증명서 등을 받았다.

홍범도는 1923년 군복을 벗은 뒤 연해주 집단농장에서 일하던 중 1937년 11월 카자흐스탄 크질오르다로 강제 이주됐다. 블라디보스토크의 고려극장도 함께 이곳으로 옮겨 왔는데 홍범도는 밤에는 고려극장 수위, 낮에는 정미소 노동자로 일하며 말년을 보냈다.

꼿꼿한 기개는 여전해 1941년 독소전쟁이 터지자 73세의 고령임에도 "일본의 동맹국 독일을 무찔러야 한다"며 현역으로 참전하게 해달라고 요청했다. 두만강 일대를 호령하며 일제의 간담을 서늘하게 한 그도 세월은 이기지 못해 1943년 10월 75세를 일기로 세상을 떠났다.

홍범도가 만년을 보낸 카자흐스탄 크질오르다에는 1994년 고려인들의 청원으로 '홍범도 거리'가 생겼다. 길 입구에는 그의 초상화와 이름을 새긴 동판이 붙어 있으나 그가 고려인이라는 사실을 아는 현지인은 드물다고 한다. 그의 유해를 안장하고 동상과 기념비를 세운 묘역에도 찾는 이가 드물어 잡초가 우거져 있다.

김블라디미르

• 광주 고려인마을 시인 •

2017년 7월 24일부터 시베리아횡단열차를 타고 러시아 블라디보스토크에서 카자흐스탄 알마티까지 80년 전 고려인들의 강제 이주 루트를 따라가는 '극동시베리아 실크로드 오디세이-회상열차' 탐사단에는 고려인 2세 김블라디미르 씨가 동승했다. 우즈베키스탄 문학대 교수로 재직하다가 모국으로 귀환해 광주광역시 고려인마을에 사는 그는 2017년 2월 정막래 계명대 교수의 번역으로 시집 《광주에 내린 첫눈》을 출간했다. 7월 25일 하바롭스크를 지나 카림스카야로 향하는 열차 안에서 마주 앉아 소감을 물어보았다.

할아버지와 아버지가 조국을 떠난 사연을 들려달라.

할아버지(김수옥)는 일제강점기에 어린 아들을 데리고 두만강을 건너 연해주에 정착했다. 아버지(김곰배)는 1934년 우수리스크의 고려인사범대를 졸업해 한국어를 가르쳤다. 1937년 카자흐스탄으로 끌려갔다가 이듬해 카스피해 연안의 아스트라한으로 또다시 옮겨졌다. 아버지는 농사를 짓다가 내가 태어난 이듬해(1956년) 우즈베키스탄 타슈켄트로 이사해 상점을 운영했다.

강제 이주에 관해서는 얼마나 알고 있었나.

아버지께는 이야기를 듣지 못했다. 어떤 책을 보니 사정이 그렇게 나쁘지는 않았다고 하는데, 한 영상을 보니 많은 사람이 죽어나갔을 뿐 아니라 시체를 묻어주지도 않고 열차 밖으로 던져버렸다고 한다. 이번 여행을 통해 그때의 진실을 확인하고 싶다.

우즈베키스탄에서는 어떤 일을 했나.

우즈베키스탄 문학대를 졸업하고 모교 교수로 재직하며 러시아문학을 가르쳤다. 2011년 정년퇴임한 뒤 아내와 함께 한국으로 이주해 광주시 광산구 월곡동 고려인마을에 정착했다.

한국으로 돌아온 계기는 무엇인가.

나는 도시에서 우즈베키스탄인들과 함께 자랐고 대학에서도 고려인과 어울릴 일이 많지 않았다. 한국에 관해 아는 게 없었고, 알고 싶어도 알 방법이 없었다. 아버지도 고향에 관한 일은 좀처럼 입에 올리지 않다가 1990년 돌아가시기 직전에야 한국 이야기를 들려주며 '나는 못 가더라도 너는 꼭 조국 땅을 밟아야 한다'고 당부했다.

한국에서는 어떻게 지내는가.

딸 내외와 아들도 한국으로 들어왔다. 월세 다가구주택 1층에는 딸과 사위와 외손주들이 살고 우리 내외가 2층을 쓴다. 인근 아파트에 사는 아들은 한국에서 고려인 여성과 결혼해 지난 4월 25일 손자를 낳았다. 나는 주로 광주 교외의 과수원에서 일하며 생계를 이어가고 있다.

시는 언제부터 써왔는가.

시는 내 생활이다. 중학교 때부터 써왔고 모국에 온 뒤로도 시상이 떠오를 때마다 틈틈이 기록해왔다. 고려인마을을 주제로 논문을 준비하던 정막래 교수와 인연이 닿아 우리말로 시집을 내게 됐다. 고려인마을 사람들은 모두 자기 일처럼 기뻐하고 축하해줬다.

열차 안에서 쓴 시가 있으면 한 구절 소개해달라.

"창밖의 자작나무를 바라보며/ 부모님의 신음 소리를 듣습니다./ 이 소리는 평생 마음에 남을 겁니다."

한국 동포들에게 바라는 점은 무엇인가.

주변에 좋은 친구가 많고 고마운 사람도 많지만 아쉬운 점도 있다. 고려인들은 우리나라가 힘이 없을 때 굶주림을 면하기 위해, 빼앗긴 국권을 찾으려고 두만강을 건넌 사람들의 후손이다. 그때 조국은 동포들에게 어디에든 살아남아 있다가 형편이 좋아지면 돌아오라고 했던 것이다. 그래서 이제 돌아왔는데 우리를 외국인 취급하면 안 된다. 한 핏줄을 이어받은 우리를 같은 한민족의 일원으로 대해주기 바란다.

27 국적 6번 바뀐 사할린 동포 수난사

#1. 2016년 9월 22일 오후 충남 천안 '국립 망향의 동산'에는 일제강점기 사할린에 끌려가 강제노동을 하다가 숨진 희생자 10위의 유골이 안치됐다. 함께 항공편으로 봉환된 백낙도 씨의 유골은 선산인 경북 문경에 묻혔다.

유족을 대표해 추모사를 한 백 씨의 아들 남길 씨는 "아버지께서 끌려가실 때 한 살 젖먹이였던 제가 어느새 칠순을 넘겼다"면서 "제 평생소원이 생전에 한 번 만나 뵙는 거였는데 이렇게 늦게 찾아온 이 불효자를 용서하시고 오늘 밤 이름 한 번만 불러달라"고 울먹였다.

정부는 2011~2015년 사할린에서 한인 묘지 조사 사업을 추진해 총 1만 5천110기의 한인 묘지가 있다는 사실을 확인했다. 이어 한국과 러시아 양국은 2013년 5월 인도주의적 차원에서 사할린 강제 동원 한인 희생자의 유골 발굴과 봉환에 합의했다.

2013년 1위를 시작으로 2014년 18위, 2015년 13위, 2016년 11위, 2017년 12위가 국내에 봉환됐다. 2018년 9월에도 16위를 추가로 옮겨 와 국내 봉환 유골은 모두 71위로 늘어났다. 사할린의 주도 유즈노사할린스크는 서울에서 비행기로 3시간밖에 안 걸리는 거리에 있지만 오는 데 무려 70년 넘게 걸린 것이다.

#2. 러시아 사할린 · 하바롭스크 · 블라디보스토크 · 모스크바 등지에 흩어져 살던 사할린 동포 83명이 2015년 12월 14~17일 세 차례에 걸쳐 인천공항으로 입국했다. 이들은 한국과 일본의 적십자사가 공동으로 펼친 '사할린 동포 영주귀국 사업'의 마지막 수혜자였다.

일본적십자사는 영주귀국 희망자가 거의 남아 있지 않다는 이유로 2015년 사업 종료를 선언했다. 대한적십자사는 일본이 손을 떼더라도 희망자가 있다면 영주귀국 비용을 계속 지원하겠다는 입장이다.

영주귀국자들은 꿈에도 그리던 고향 땅을 밟았지만 여전히 이산의 고통을 겪고 있다. 영주귀국 대상을 1945년 이전에 사할린에서 거주했거나 태어난 한인과 이들의 배우자 및 장애 자녀로 한정했기 때문이다.

대한적십자사는 인도적 차원에서 해마다 수차례에 걸쳐 사할린 한인 2~3세를 모국으로 초청해 한인 1세들과의 상봉을 주선하고 있으나 근본적인 해결책은 내놓지 못하고 있다. 지난 2000년 영주귀국한 경기도 안산의 김경진 씨는 "모국 동포들과 어울려 사니 행복하긴 하지만 사할린에 두고 온 자식과 손주 생각이 간절하다"며 안타까워했다.

19세기 이후 한민족 디아스포라의 역사를 더듬어 보면 동포들의 피와 눈물과 한숨이 서리지 않은 곳이 없으나 그 가운데서도 사할린 동포의 운명은 기구하기 짝이 없다. 일제강점기의 혹독한 시련은 말할 것도 없고 광복 이후에도 오랫동안 일본과 러시아와 남북한 모두에 철저하게 버림받아 왔다.

불과 70년간 국적이 조선 → 일본 → 무국적 → 북한조선민주주의인민공화국 → 소련 → 러시아 → 남한대한민국으로 최다 6차례나 바뀌었다는 사실만으로도 이들이 얼마나 모진 세월을 견뎌내야 했는지를 짐작할 수 있다.

러시아 최동단 연해주와 이웃하며 일본열도 북쪽에 놓인 사할린은 지리적 위치 때문에 러시아와 일본의 틈바구니에서 격변을 겪었다. 1875년에 체결된 '사할린 · 지시마千島 교환 조약'에 따라 영유권이 일본에서 러시아로 넘어갔다가 1905년 러일전쟁에서 승리한 일본이 북위 50도 이남을 차지해 둘로 갈렸다.

일본어로 가라후토樺太라고 부르는 이 섬에는 삼림이 울창하고 석탄과 석유 매장량이 풍부해 1939년부터 일제는 군수 물자를 조달하려고 조선인 젊은이를 대대적으로 동원했다. 이곳으로 징발된 5만여 명의 근로자 가운데 약 3천200명은 가족에게 기별도 못 한 채 1944년 말 일본 규슈九州 등지로 다시 끌려가는 이중 징용을 당했다.

1945년 8월 해방을 맞자 사할린 동포들은 곧 고향 땅을 밟을 것이라는 기대에 부풀었다. 그러나 강대국들은 이들을 외면했고 조국은 무력했다. 일본은 소련군이 점령한 사할린에서 자국민을 귀환시키면서도 조선인 약 4만3천 명은 일본인이 아니라는 이유로 제외했다.

••• 대한적십자사가 영주귀국한 사할린 동포들의 입주를 환영하는 잔치를 열고 있다.(대한적십자사 제공)

이들은 한동안 무국적자로 방치되다가 소련과 북한 국적 중 하나를 고르라는 선택에 내몰렸다. 사할린 동포 대부분은 경상도와 전라도에서 끌려왔으므로 고향으로 돌아갈 기대를 버리지 않고 무국적으로 더 버티다가 취업과 자녀 교육 문제 때문에 소련 국적을 취득했다. 일부는 남한 귀환 가능성이 희박하다고 여겨 북한 국적을 얻었고, 이 가운데 북한으로 이주한 사람도 있었다.

'사할린 억류 귀환 한국인회'의 박노학 회장을 비롯한 사할린 동포들의 끈질긴 노력과 일부 한국인과 일본인의 인도적 지원에도 불구하고 좀처럼 뚫리지 않던 사할린 동포들의 모국 귀환길은 1985년 소련의 페레스트로이카개혁 정책과 1988년 서울 올림픽을 거치며 열리기 시작했다. 한국과 일본 정부의 합의에 따라 양국 적십자사는 1989년 7월 14일 협정을 맺고 이들의 모국 영주귀국을 추진했다.

지금까지 한국에 영주귀국한 사할린 동포 4천346명 가운데 일부는 숨지고 일부는 사할린으로 되돌아가 3천100여 명이 수도권을 비롯한 전국 각지에 흩어져 살고 있다. 2016년 말 현재 사할린에 사는 동포는 1세 500여 명을 비롯해 2만6천373명에 이른다.

광복 70여 년이 지난 지금에도 이들은 강제징용에 따른 피해 배상을 제대로 받지 못한 것은 물론 당시의 노임 · 보험금 · 우편저금 등도 돌려받지 못했고, 자식과의 생이별과 타국살이의 설움 가운데 선택을 강요받고 있다. 일본과 러시아의 책임을 따져 묻기 전에 이들에게 과연 조국이란 어떤 의미였을지 곱씹어볼 필요가 있지 않을까.

28 북간도 대통령 김약연과 노블레스 오블리주의 상징 이회영 형제

중국 만주 지방은 러시아 연해주와 함께 19세기 후반부터 일제강점기 내내 우리 민족이 기근과 수탈을 피해, 국권을 되찾기 위해 이주한 곳이다. 이 가운데 지금의 지린吉林성과 헤이룽장黑龍江성 일대가 간도인데, 이는 쑹화강松花江을 경계로 서간도와 동간도북간도로 나뉜다.

이곳에는 숱한 우국지사가 모여들어 1900년대와 1910년대 항일 운동의 거점이 됐다. 특히 김약연을 비롯한 네 가문과 이회영 일가가 집단 망명해 학교를 세우고 독립군 기지를 만들어 자주독립의 희망을 불어넣었다.

1899년 2월 18일 김약연 · 김하규 · 문병규 · 남도전을 비롯한 네 가문의 가족 142명은 고향 함경도를 등진 채 두만강을 건너 중국 지린성 허룽和龍

현으로 이주했다. 지도자는 훗날 '북간도 대통령'으로 불린 김약연이었다. 윤동주의 조부인 윤하현도 1년 뒤 그곳에 자리 잡았다.

이들은 '동방을 밝힌다'는 뜻으로 마을 이름을 명동촌明東村이라고 지었다. 윤하현 집안을 포함한 다섯 가문은 혼인을 통해 인척 관계로도 발전했다. 김약연의 누이동생은 윤하현의 아들 윤영석과 결혼해 윤동주를 낳았고, 김하규의 딸 김신묵과 문병규의 손자 문재린 사이의 아들이 문익환 목사다.

이들은 땅을 공동으로 사서 나누며 1%를 교육 자금 충당을 위한 학전學田으로 활용했다. 처음에는 서당을 열었으나, 이상설 · 이동녕 · 정순만 · 박정서 등이 1906년 10월 명동촌에서 40리 떨어진 용정촌에 서전서숙瑞甸書塾을 짓고 신학문을 가르치다가 1년 만에 문을 닫자 그 정신을 이어받아

••• 김약연(좌), 이회영(우)

1908년 4월 27일 명동서숙을 설립했다.

서전서숙에 참여한 박정서가 서숙 대표인 숙장, 김약연이 실무 책임자인 숙감을 맡았고, 교무주임으로 정재면을 초빙했다. 정재면은 주민에게 기독교를 전도하고 학교 이념도 기독교로 바꿨다. 1909년 명동서숙을 명동학교로 개칭하고 김약연이 교장으로 취임했다. 이듬해 중학교, 1911년에는 여학교도 생겨났다.

민족교육의 요람으로 떠오르며 숱한 인재를 길러내던 명동학교는 1920년 위기를 맞았다. 그해 10월 청산리 전투에서 대패한 일본군이 간도의 한인들을 살육하고 마을을 파괴하는 경신참변을 일으킨 것이다. 이때 명동학교도 불을 질러 잿더미로 만들었다. 1923년 건물을 복구하고 김약연이 다시 교장으로 부임했으나 기독교 신자와 공산주의자의 갈등에다 이듬해 대흉년까지 겹쳐 1925년 소학교만 남기고 중학교는 문을 닫았다.

1917년에 태어난 윤동주는 1925년 명동소학교에 입학했다. 명동학교 조선어 교사이던 송창희와 윤영석의 여동생 윤신영 사이에서 난 동갑내기 고종 사촌 송몽규, 한 살 아래인 문익환과 함께였다. 이들은 명동촌에서 뜨거운 애국심과 순수한 감수성을 길렀던 것이다.

이건영 · 석영 · 철영 · 회영 · 시영 · 호영 6형제와 가족 60여 명은 1910년 12월 압록강을 건넜다. 이 집안은 선조 때 영의정을 지낸 10대조 이항복 이래 이조판서이던 부친 이유승까지 정승 · 판서만 9명을 배출한 명문가이자 대부호였다. 한일합방으로 나라를 잃자 요즘 가치로 따지면 수백억 원어치의 집과 땅을 팔아 만주에 독립운동 근거지를 마련하고 온 일가가 항일 투쟁에 몸을 던졌다.

이들 일가는 서간도인 지린성 류허柳河현 삼원보三源堡에 자리를 잡았다. 중심인물은 비밀결사 신민회의 창립 회원인 넷째 이회영이었다. 그는 동생 이시영과 이상룡 · 이동녕 · 김동삼 등과 협의해 1911년 경학사耕學社를 설립했다. 표면적으로는 농업과 교육을 위한 한인 자치 기관이었으나 실질적으로는 독립운동 단체였다.

산하 기관으로 신흥강습소를 세운 뒤 1912년 신흥학교, 1919년 신흥무관학교로 개편했다. 신흥무관학교는 일제의 탄압으로 문을 닫은 1920년까지 2천여 명의 졸업생을 배출했다. 이들은 홍범도의 대한의용군과 김좌진의 북로군정서 등에서 활약했다.

이회영이 상하이에 머물던 1919년 3 · 1운동이 일어났다. 그는 임시정부를 만들면 권력 다툼이 일어난다며 반대하고 아나키스트무정부주의자의 길을 걸었다. 이회영은 만주 주둔 일본군 사령관을 암살하려다가 조선인의 밀고로 일본 경찰에 체포돼 1932년 옥사했다.

첫째 이건영은 1940년 중국에서 세상을 떠났고, 백부 이유원의 양자로 입적해 상속받은 거액의 재산을 모두 쏟아부은 둘째 이석영은 1934년 굶어 죽었다. 셋째 이철영은 1925년 병사했고, 여섯째 이호영은 1933년 베이징에서 행방불명됐다.

6형제 가운데 상해 임시정부의 초대 법무총감으로 참여한 다섯째 이시영만 유일하게 살아남아 광복을 맞았다. 그는 초대 부통령에 취임했으나 이승만 대통령의 전횡에 반대해 부통령직을 사임했다. 6형제는 모두 독립유공자로 서훈됐고 아들들도 대부분 독립운동에 투신해 4명이 독립유공자가 됐다.

전 세계 743만여 명의 재외동포 가운데 중국동포는 254만여 명으로 가장 많고 이 중 219만여 명이 조선족으로 불리는 중국 국적자다. 국내 거주 외국인 236만여 명 중 최다가 105만여 명을 헤아리는 중국인으로 이 가운데 3분의 2는 조선족이다.

이들은 한중 관계에서 가교 구실을 하고 있으며 국내 각 분야에서도 없어서는 안 될 존재로 떠올랐다. 그러나 한국인의 일자리를 빼앗는다는 비난이나 각종 범죄에 연루돼 있다는 의심을 받고 있다. 이는 대부분 잘못된 선입관에서 비롯됐거나 부풀려진 것이다.

오늘날 조선족들이 윤동주와 함께 명동학교를 다니고 이회영 형제들과 손잡고 항일 투쟁에 힘쓴 선조의 후예라는 점만 떠올려도 이들을 보는 시선이 훨씬 푸근해지지 않을까 생각한다.

강광문

• 조선족 3세 서울대 교수 •

1992년 한중수교 이후 건너온 조선족중국동포 2세들은 대부분 한국에서 3D 업종에 종사해왔다. 그러나 최근 세대교체가 이뤄지면서 고학력 엘리트가 늘어나 교수, 변호사, 금융인, 의료인, 예술가 등 다양한 전문 분야에 속속 진출하고 있다.

중국 베이징대를 졸업하고 일본 도쿄대에서 박사학위를 받은 뒤 2011년 서울대에 임용된 조선족 3세 강광문 법학전문대학원 교수는 그 변화를 상징하는 대표적 인물이다. 그의 서울살이 체험담과 한국 동포에게 건네는 충고에 귀 기울여보자.

지린성 대입 시험에서 문과 수석을 차지하고 동양 3국의 최고 명문대를 두루 거쳤으니 어릴 때부터 수재 소리를 들었겠다.

특별히 머리가 좋거나 남보다 엄청나게 노력한 것은 아니다. 어릴 때부터 책 읽는 것은 좋아했다.

집안 이야기가 궁금하다.

내가 자란 곳은 지린성 중부의 작은 도시 메이허커우梅河口다. 할아버지와 할머니는 경북 안동과 영천이 고향인데 만주에서 만나 짝을 이뤘다. 먹고살기 힘들어 이곳저곳을 옮겨 다니며 번번이 새로 땅을 갈아야 했다. 아버지를 비롯한 8남매는 모두 다른 곳에서 태어났다. 부모 역시 농사를 지으며 3남매를 키웠는데 아버지는 농번기가 끝나면 건설 현장에서 일하며 자녀의 학비를 모았다. 남동생은 칭화清華대를 나와 베이징에서 공무원으로 일하고 있다. 누나도 지방자치단체 공무원이다.

대학과 대학원을 다니며 소수민족이나 이방인으로서 어려움을 느낀 적은 없는가.

베이징대 국제정치학과에서는 한 반의 30명 가운데 유일한 소수민족이어서 콤플렉스를 느끼고 정체성 고민에도 빠졌다. 일본에서는 환경도 익숙지 않고 언어도 달라 힘들었다. 물가도 비싸 장학금을 받았는데도 통번역 일을 하고 편의점에서 아르바이트를 하며 학비와 생활비를 벌었다.

한국에 오게 된 계기는 무엇인가.

도쿄대 연구원으로 재직하던 중 선배의 권유를 받고 지원했다. 선조의 고향이라는 점도 작용했지만 내게 더 많은 기회가 열릴 수 있을 것으로 기대했다.

조선족 3세는 어떤 특징을 갖고 있는가.

대부분 문화대혁명(1966~1969) 이후 태어났다. 개혁 개방의 물결과 함께 자라 이념의 틀에서 비교적 자유롭고 국제 감각도 지녔다. 한민족의 DNA를 지니고 있으면서도 중국인 기질이 더해져 사업이나 장사에 탁월한 재능을 보인다.

한국에서 경계인으로 살면서 느낀 점은.

일본은 지난 세기 다른 나라를 침략해 이민족을 다스려본 적이 있다. 중국은 수천 년 동안 이민족에게 공격받고 이들을 지배하며 제국을 경영해왔다. 한국은 제국의 경험이 없고 균일한 구성원으로 이뤄져 있어 이질적인 집단과 어울려 살아가는 법을 잘 모른다. 외국인 범죄가 일어나면 집단 전체를 겨냥해 반감을 드러내기 일쑤다.

한국 동포에게 당부하고 싶은 말이 있다면.

한국은 같은 핏줄인 조선족과 어울려 사는 법을 익히면서 다문화 사회로 순조롭게 이행하고 글로벌 국가로 도약해야 한다. 한국인은 중국, 미국 등 강대국에 대해 사대의식을 품고 있다가 이제는 한국보다 못사는 나라 사람이 몰려오니 낮잡아 보는 경향이 있다. 탈북자에 대해서도 마찬가지다. 탈북자도 포용하지 못하는데 통일 이후 어떻게 남북이 어울려 살 수 있겠는가. 조선족에 대한 태도는 한국 사회의 성숙도를 가늠하는 리트머스 시험지와 같다. 한국이 아시아의 모범 국가가 되려면 자기보다 못산다고, 생김새가 다르다고, 우리말을 못한다고 무시하는 태도를 버려야 한다.

29 하와이 사진 신부와 에네켄의 한

1902년 121명의 대한제국 청년이 인천 월미도 해상에 정박해 있던 겐카이마루를 타고 일본 나가사키로 건너갔다. 그곳에서 신체검사에 탈락한 19명을 제외하고 102명이 미국 상선 갤릭호로 옮겨 타 이듬해 1월 13일 하와이 호놀룰루에 입항했다. 오랜 여정으로 건강이 악화된 8명이 귀국 조치돼 93명만이 오하우섬의 모쿨레이아 사탕수수 농장으로 투입됐다. 우리나라 최초의 공식 이민이었다.

미국은 차이나타운을 형성해 미국인 상권을 위협하는 중국인과 수시로 파업을 일으키는 일본인을 대신할 노동력을 한국에서 찾았다. 식량 부족에 시달리던 한국은 주한 미국공사 호러스 알렌의 주선으로 이민자를 모집했다. 인천내리교회 선교사 조지 존스의 적극적인 권유가 주효해 인천 출신이 대부분이었고 개신교 신자가 많았다.

갤릭호를 시작으로 1905년 8월 8일 도착한 몽골리아호에 이르기까지 56회에 걸쳐 7천226명을 하와이에 내려놓았고 신체검사에 불합격한 479명을 제외한 실제 이민자는 6천747명이었다.

이들은 열악한 근로 조건과 저임금, 농장 감독자들의 횡포에도 불구하고 악착같이 일해 돈을 모았다. 한인 교회를 지어 예배를 올리는가 하면 독립운동 자금도 기부했다.

대부분은 젊은 총각이었으나 당시 미국인과 동양인의 결혼을 금지하는 금혼법이 존재한 데다 결혼하러 모국을 다녀오는 것은 엄두도 내지 못했다. 농장주들은 음주 · 마약 · 범죄에 빠지는 노동자들이 생겨나자 작업 능률을 높이기 위해 사진 중매를 통한 결혼을 권장했고, 하와이 주정부는 신부들의 입국을 허가했다.

중매쟁이들의 권유에 따라 신랑감의 사진만 보고 편지로 결혼을 약속한 뒤 하와이 땅을 밟은 일명 '사진 신부'들은 1910년부터 동양인배척법이 제정된 1924년까지 950명이나 됐다. 이들은 사진보다 나이가 훨씬 많은 신랑의 모습에 실망하고 열악한 생활 환경에 낙담했지만 고향에는 이미 결혼했다고 알려진 데다 돌아갈 배삯도 없는 처지여서 운명으로 여길 수밖에 없었다.

하와이 이민자들이 가정을 이루면서 한인 공동체는 활기를 띠기 시작했다. 남편들이 사탕수수 농장에서 일하는 동안 사진 신부들은 삯바느질과 빨래 등으로 생계를 돕고 2세를 낳아 길렀다. 2세들이 자라자 한인 학교도 속속 생겨났다.

한인 가정은 미국 본토로도 진출해 샌프란시스코와 로스앤젤레스를 비롯한 미국 전역으로 퍼져나갔다. 재미 독립운동 단체인 대한인국민회 통계에 따르면, 1910년 하와이 한인은 4천187명이었고 2천100명은 본토로 이주했다.

이와 함께 정치적 망명자들과 유학생들이 태평양을 건너 미국에 정착함으로써 오늘날 재미 한인 사회의 뿌리를 이뤘다. 현재 재미동포는 249만2천252명으로 중국에 이어 두 번째이며, 이 가운데 145만6천661명이 시민권자다.

멕시코 이민은 하와이보다 2년 4개월 늦게 이뤄졌다. 당시 선박용 로프를 만드는 섬유는 에네켄용설란에서 추출했는데 멕시코가 주산지였다. 해운산업의 호황으로 일손 부족에 시달리던 멕시코 에네켄 농장주들은 하와이 사탕수수 농장에서 일하는 한인들의 이야기를 듣고 브로커를 동원해 한국에서 노동자들을 모집했다.

영국계 멕시코인 마이어스가 일본 대륙식민회사를 통해 〈황성신문〉과 〈매일신문〉에 낸 광고를 보면 "멕시코는 문명 부강국으로 부자가 많고 가난한 사람이 적어 노동자를 구하기 어렵다", "주택을 제공하고 부녀자에게는 닭을 치게 한다", "하루 노동 시간은 9시간이며 4년 계약 기간이 끝나면 보너스로 은화 100원을 지급한다" 등 감언이설 일색이었다.

남자 702명, 여자 135명, 어린이 196명 등 1천33명은 1905년 4월 4일 인천 제물포항에서 영국 선박 일포드호에 올랐다. 이 배는 일본 요코하마를 거쳐 5월 12일 멕시코 서부 살리즈 크루즈항에서 승객을 내려주었다. 긴 항해로 아이 2명과 어른 1명이 숨지고 아이 1명이 태어나 멕시코 땅을

••• 하와이 사진 신부

밟은 사람은 1천31명이었다. 이 가운데는 200여 명의 대한제국 퇴역 군인도 있었다.

이들은 기차와 배를 갈아타고 5월 15일 유카탄주 메리다시의 에네켄 농장에 도착했다. 그러나 모집할 때 들은 이야기는 모두 거짓이었다. 새벽부터 해 질 때까지 농장에 매달려야 했고 임금도 매우 낮아, 4년 동안 꼬박 일해야 이주 경비를 갚을 수 있는 처지였다. 채찍으로 맞는 것은 예사였고, 견디다 못해 도망했다가 붙잡히면 감옥에 갇혔다.

고종은 〈황성신문〉에서 멕시코 이민자들의 참상을 접하고 "동포들을 구하라"고 지시했지만 1905년 11월 을사조약 체결로 일본에 외교권을 빼앗긴 대한제국에는 멕시코 정부에 항의할 수단마저 없었다. 에네켄 이민이 한 번으로 그친 것이 그나마 다행이었다.

1909년 5월 에네켄 한인 노동자들은 4년의 계약 기간이 끝나 자유의 몸이 됐다. 그러나 조국은 국권을 빼앗긴 상태였고 돌아갈 여비도 없었다. 다른 생계 수단이 없어 대부분은 새로운 조건으로 에네켄 농장에 다시 고용됐다. 1920년대 인조섬유가 등장해 에네켄 농장이 문을 닫자 이들은 멕시코 전역으로 흩어져 4만 명이 넘는 멕시코 한국계의 조상이 됐다. 이 가운데 274명은 1921년 쿠바의 사탕수수 농장으로 옮겨 갔다. 쿠바에는 1천여 명의 한인이 살고 있다.

멕시코와 쿠바의 초기 이민자들도 대한인국민회 지부를 결성하고 상해 임시정부에 성금을 보내는 한편 학교도 지어 민족 교육을 시도했다. 그러나 이들은 미국 이민자들과 달리 일찍 현지화돼 한민족 정체성을 잃어버렸다. 한인 여성이 절대 부족해 대부분 현지인과 결혼한 데다 독립운동가들이나 유학생 등 추가 이민자도 없었던 것이 주요 원인으로 꼽힌다.

의열 투쟁의 선봉 장인환 · 전명운 의사

1908년 3월 23일 조선통감부 외교고문 더럼 화이트 스티븐스가 미국 샌프란시스코의 페리빌딩 선착장으로 걸어가고 있었다. 그때 한 조선인 청년이 나타나 권총을 겨누고 방아쇠를 당겼다. 그러나 "철컥" 소리만 연거푸 날 뿐, 두 발 모두 불발이었다. 당황한 청년이 스티븐스에게 달려가 권총으로 가격하고 달아나려 하자 스티븐스가 붙잡아 두 사람 사이에 격투가 벌어졌다.

그 순간 또 다른 조선 청년이 세 발의 총탄을 발사했다. 첫 발은 스티븐스와 뒤엉켜 있던 청년의 어깨를 관통했고, 두 번째와 세 번째는 스티븐스의 등과 허리에 각각 명중했다. 스티븐스는 병원에서 탄환 제거 수술을 받았지만 이틀 후 숨을 거뒀다.

스티븐스를 사살한 장인환은 현장에서 체포돼 1급살인 혐의로 재판에 넘겨졌다. 스티븐스와 함께 병원으로 옮겨진 전명운도 살인미수 혐의로 기소됐으나 석 달여 만에 보석으로 석방됐다. 이들의 의거는 재미동포들을 고무했고 한반도와 함께 중국 만주와 러시아 연해주 등지로도 전해져 독립 투쟁의 열기를 북돋웠다.

독립운동사에서 개인이나 소규모 조직으로 암살과 파괴를 주로 하는 활동을 '의열(義烈) 투쟁'이라고 부르는데, 스티븐스 처단이 최초로 꼽힌다. 전명운 · 장인환 의사가 지핀 이 불길은 이후 안중근 · 이재명 · 강우규 · 김지섭 · 나석주 · 조명하 · 이봉창 · 윤봉길 등으로 이어졌다.

스티븐스는 미국에서 태어나 변호사로 활동하다가 1873년 주일 미국공사관 서기관으로 부임했다. 9년 뒤 일본 외교관으로 변신했고 1904년 대한제국 외교고문으로 임명돼 일제 침략의 앞잡이로 나섰다.

일본 정부는 미국 내 반일 감정을 무마하려고 스티븐스를 파견했다. 그는 미국행 배에서 기자회견을 하며 "일본의 한국 지배는 한국인에게 유익하고 한국 농민은 일본인을 환영하고 있다"라는 망언을 쏟아내 재미 한인 사회를 격분시켰다.

장인환(좌), 전명운(우)

재미동포들은 샌프란시스코 페어몬트 호텔에 묵고 있던 스티븐스에게 대표단을 보내 따졌으나 "고종 황제가 덕이 없고 백성이 어리석어, 일본이 돕지 않았으면 벌써 러시아가 강탈했을 것"이라며 일축했다. 재미동포들은 그를 그대로 둘 수 없다고 별렀고 이들 가운데 장인환과 전명운이 있었던 것이다.

평안남도 평양 태생인 장인환은 1904년 미국 하와이로 건너가 사탕수수 농장에서 일하다가 1906년 샌프란시스코로 이주했다. 철도역, 공장, 여관 등에서 일해 생계를 이어가면서도 대동보국회에 가입해 독립 의지를 불태웠다.

서울에서 태어난 전명운은 시국강연회에 참여했다가 미국 유학을 결심하고 1903년 하와이행 배에 올랐다. 돈이 없어 공부의 뜻은 접고 사탕수수 농장에 있다가 1904년 샌프란시스코로 건너가 부두, 철로 공사장, 방직공장, 농장 등을 전전했다. 그는 안창호 등이 결성한 공립협회 회원으로 활동했다.

둘은 거사 때까지 비슷한 행로를 걸어왔는데도 서로를 알지 못했다고 한다. 미국을 비롯한 세계 각지의 동포들이 이들에게 성금을 보내고 현지 언론들도 동정적인 논조를 폈쳤다.

보석으로 풀려난 전명운은 1908년 10월 러시아 블라디보스토크로 망명해 공립협회 지부 설치에 힘을 쏟고 최재형 · 안중근 등이 조직한 동의회에서도 활동했다. 1909년 11월 샌프란시스코로 돌아온 뒤 1947년 11월 18일 미국에서 생을 마쳤다. 유해는 조국을 떠난 지 90년 만인 1994년 국립 서울현충원으로 이장됐다.

금고 25년형을 선고받은 장인환은 1919년 1월 17일 가석방되고 1924년 완전한 자유의 몸이 됐다. 1927년 조국으로 귀환했으나 정착하지 못해 다시 미국으로 건너갔다. 감옥에서 얻은 병으로 고생하던 그는 1930년 5월 22일 병원에서 투신해 목숨을 끊었다. 1975년 서울현충원에 안장됐다.

30 재일동포는 모국의 냉대가 더 서럽다

재미동포가 미국 시민권을 따면 '아메리칸 드림'을 이뤘다고 축하받지만, 재일동포가 일본 국적을 취득하면 '배신자' 취급을 받는다. 왜 우리는 중국동포조선족나 러시아를 비롯한 독립국가연합CIS 동포고려인가 거주국 국적을 지닌 것은 당연하게 여기면서도 유독 재일동포는 모국의 국적을 버리면 안 된다고 생각할까.

한국 국적자라고 해서 한 핏줄로 대접받기가 쉬운 건 아니다. 우리말이 서툴다는 이유로, 아니 우리말이 능숙하다 해도 단지 일본에 살고 있다는 이유로 '쪽발이' 소리를 듣기 십상이다.

청소년U-19 축구 선수로 태극 마크를 달았다가 팀 동료들의 놀림에 상처받아 귀국한 이충성과, 유도 한국 국가대표의 꿈을 안고 모국을 찾았다가 대회 때마다 거듭되는 편파 판정에 실망해 되돌아간 추성훈은 각각 일본

국가대표로 발탁된 뒤 조국을 등졌다는 비난을 받아야 했다.

재일동포에게 이러한 이중 잣대를 들이대는 것은 일본이 식민통치의 가해국이었다는 사실과 무관하지 않다. 일본에서 살거나 일본인과 가깝다는 이유만으로 “친일파 아니냐”는 의심의 눈초리를 피하지 못한 것이다. 한때 재일동포들을 가리켜 ‘돈포’라고 비아냥거린 것도 ‘더러운 일본인에게 빌붙어 돈을 벌었다’는 뜻의 비하 표현이었다.

이들에게는 또 하나의 족쇄가 추가됐다. 1970~1980년대 일본을 방문하는 사람들이 자주 들은 주의 사항이 “우리말이 유창한 재일동포는 북한과 가까운 총련재일본조선인총연합회 소속일 가능성이 크니 가까이하지 말라”였다. 일본의 민족학교는 대부분 총련 소속이었다.

우리나라에서는 통일된 조국의 국민이 되겠다며 한국남한 국적을 얻지 않고 일본 귀화도 거부한 조선적朝鮮籍 동포들을 친북 세력으로 취급했다. 총련 소속의 친지를 만났다는 이유만으로 한국 공안당국이 조작한 간첩 사건에 연루되기도 했다.

그러나 일제강점기부터 오늘날까지의 역사를 더듬어보면 이러한 냉대와 질시와 낙인은 재일동포에게 억울하기 짝이 없는 노릇이다. 재일동포 1세들은 대부분 징용으로 끌려갔거나 일제의 착취와 수탈을 견디다 못해 살길을 찾아 건너간 이주노동자였다. 감시와 통제가 삼엄한 탓에 중국 · 러시아 · 미국만큼 활발하지는 못했지만 일본에서도 2 · 8 독립선언과 박열의 의거 등 항일 운동의 불길은 한 순간도 꺼지지 않았다.

광복 이후에도 돌아갈 곳이 마땅치 않아 눌러앉은 재일동포들은 친정을 도우려는 며느리의 심정으로 조국애와 동포애를 발휘했다. 1948년 런던 올림픽 때는 한국 대표팀의 출전 비용을 지원했다. 그때는 일본에도 굶는 사람이 넘쳐나던 시절이었다.

6 · 25전쟁이 발발하자 642명의 재일학도의용군이 계급과 군번도 없이 참전했고 135명이 꽃다운 청춘을 바쳤다. 이는 중동전쟁에 참전한 외국 거주 이스라엘인보다 17년이나 앞선 전 세계 최초의 재외동포 참전 기록이다.

재일동포는 한국의 경제 성장에도 혁혁한 공로를 세웠다. 수출 요람이 된 서울 구로공단은 재일동포들이 입안해 1967년 준공했다. 입주사의 70%가 재일동포 기업일 만큼 투자와 기술 지원을 아끼지 않았다. 오늘날 리딩뱅크로 꼽히는 신한은행도 1982년 재일동포들이 돈을 모아 설립했다. "국부를 유출한다"고 걱정하는 일본인들의 방해와, "돈을 떼일 것"이라고 우려하는 지인들의 만류를 무릅쓴 결정이었다.

재일동포들은 고려 말 중국에서 붓두껍에 목화씨를 숨겨 와 심었다는 문익점의 심정으로 1960년대 제주도에 감귤 묘목 400만 그루를 보급하는가 하면, 1970년대 모국의 농촌 152개 마을과 자매결연해 새마을운동을 돕기도 했다.

1988년 서울 올림픽 때 재일동포들이 모은 성금 541억 원은 건국 이래 최대 규모였다. 일본을 뺀 나머지 해외 지역에서 답지한 성금 6억 원의 90배에 이르렀다. 올림픽공원의 체조 · 수영 · 테니스 경기장과 미사리 조정경기장, 올림픽회관, 전국 명승지의 수세식 화장실 등이 이 돈으로 세워졌다. 1997년 IMF 외환위기 때도 본국 송금 운동을 벌여 4만8천 명이 10억 달러를 보냈다. 국내에서 금 모으기 운동으로 거둔 19억9천만 달러의 절반

••• 1964년 도쿄 올림픽에 참가한 모국 선수단을 돕기 위해 재일동포들이 선수단 환영식 전야제를 열고 있다.(대한민국 재일민단 제공)

이 넘는 액수다.

재일동포들은 일본에서도 한국 상품 수출의 첨병이자 한류 확산의 전도사 역할을 자임했다. 대일무역 역조를 타개하기 위해 1980년대부터 모국 상품 구매단을 결성해 한국 상품을 대대적으로 사들였고, 1990년대에는 '바이 코리안Buy Korean'이라는 슬로건을 앞세워 '국산품 애용 운동'을 펼쳤다.

일본에서 한국산 의류, 라면, 김치가 '3대 히트 상품'으로 떠오른 것은 재일동포 덕이라고 해도 과언이 아니다. 한국 TV 드라마, 영화, K팝 등이 일본에서 인기를 얻을 수 있었던 이면에도 재일동포들의 노력이 숨어 있다.

재일동포들은 도쿄의 주일 한국대사관 청사를 비롯한 10개 한국 공관 가운데 9곳의 대지와 건물을 기증했다. 해외 거주국 동포들이 공관을 본국 정부에 기증한 사례는 세계적으로 유일하다. 그러나 파독 광부와 간호사들의 활약상이 교과서에 실린 것과 달리 재일동포들의 눈물겨운 도움을 기억하는 이는 거의 없는 형편이다.

모국을 향한 재일동포들의 사랑은 지금도 이어지고 있다. 동포 사회의 주류가 2세에서 3세로 옮겨 가고 1980년대 이후 건너간 '뉴 커머new comer'의 비중이 늘어나 예전 같은 헌신과 열정은 찾아보기 어렵다 해도 이들 역시 다양한 방식으로 곳곳에서 조국을 돕고 있다.

그런 재일동포들이 최근 많은 어려움을 겪고 있다. 일본의 우경화에 따라 혐한嫌韓 시위나 헤이트 스피치hate speech · 혐오 표현가 기승을 부리는 데다 한일 관계가 경색돼 코리아타운에 찬바람이 불자 이곳에 종사하는 많은 동포가 극심한 불황의 터널을 지나고 있다. 이들을 향한 모국 동포들의 따뜻한 시선이 절실하다.

31 독일 탄광에서 캐낸 가난 극복의 꿈

광복 후 우리나라 정부가 처음 해외로 인력을 파견한 것은 1962년의 일이다. 불어나는 인구를 줄이기 위해 1962년 해외이주법을 제정한 뒤 그해 12월 브라질에 이어 아르헨티나와 파라과이로 농업이민을 보낸 것이 오늘날 남미 한인 사회의 모태가 됐다.

외화 획득을 목적으로 인력을 수출한 것은 1963년 광부 파독이 가장 먼저였다. 1963년 12월 21일 서독 루르 탄광 지대에서 일할 123명이 에어프랑스 전세기편으로 김포공항을 떠났다. 이를 시작으로 1978년 11월까지 서독행 비행기를 탄 광부 지원자는 8천395명에 이르렀다.

5 · 16 군사정변으로 집권한 박정희 정권은 경제 개발을 목표로 내세웠으나 종잣돈이 없었다. 미국 케네디 정부는 쿠데타 세력이라고 외면했고, 일본은 미수교국이었다. 그래서 같은 분단국인 서독에 도움을 요청한 끝에

상업차관 1억5천만 마르크(3천750만 달러)를 약속받고 광부를 파견하기로 했다. 서독 정부도 자국민들이 고된 육체노동을 기피하자 해외 인력이 필요했다.

한국인 독일 경제학 박사 1호인 백영훈 씨는 차관 교섭에 나선 상공부 장관을 수행했다. 그는 한국의 차관 교섭 사절단이 제3국 은행의 지급 보증을 받지 못해 낙담하고 있던 중, 대학 친구인 서독 노동부 과장으로부터 "광부 5천 명과 간호조무사 2천 명을 보내주면 이들의 급여를 담보로 차관 협정을 성사시킬 수 있을 것"이라는 아이디어를 제공받았다고 술회했다.

정부가 20~30세 중졸 이상 학력의 광부 요원을 모집한다는 공고를 내자 2천874명의 지원자가 몰렸다. 8 대 1의 경쟁률을 뚫고 367명이 최종 선발됐는데 대학생이 드물던 그 시절에 대졸자가 20%가 넘어 화제가 되기도 했다.

서독 광부의 월급은 기본급 650마르크(162달러)였다. 1인당 연간 GNP가 87달러에 불과하고 실업률이 8.1%나 돼 변변한 일자리를 찾기 어렵던 시절에 파독 광부로 뽑힌 것은 대단한 행운이었다.

그러나 보수가 높은 만큼 노동 조건은 매우 힘들었다. 지하 1천m 속에서 한 달에 27일이나 일하고 국경일에도 휴일 수당을 받으려고 악착같이 일하다 보니, 3년의 계약 기간을 채우고 고국으로 돌아올 때는 대부분 한 번 이상의 골절상 병력을 안고 있었다. 돌더미에 깔리거나 탄차에 부딪히는 사고도 자주 일어나 4명의 자살자를 포함해 65명이 목숨을 잃었다.

파독 간호사 1진 128명은 1966년 1월 30일 출발했다. 이에 앞서 1963년 12월 14일 여고 3학년 학생 9명이 서독 병원으로 채용돼 떠나고 1964년

••• 작업 도중 휴식하고 있는 파독 광부들

11월 6일 서독 가톨릭의 요청으로 60명이 파견됐다. 1976년까지 서독 병원으로 취업한 간호사와 간호조무사는 1만371명을 헤아렸다.

간호사 파독에는 서독에서 의사로 활동하던 이수길 박사가 사실상 산파 역할을 했다. 그는 독일이 간호사 부족에 시달리고 있다는 사실을 알고 한국 보건사회부와 접촉해 파독을 추진하고, 1965년 12월 서울에서 박정희 대통령을 만나 지원 약속을 얻어냈다.

간호사와 간호조무사들도 처음에는 힘들고 고된 허드렛일을 도맡는가 하면 언어 장벽과 문화적 차이 등으로 많은 어려움을 겪었다. 그러나 독일어를 어느 정도 익히면서 성실성과 업무 능력을 인정받아 독일 병원들이 장기 체류를 권유하는 사례가 많았다.

독일로 간 광부와 간호사의 상당수는 결혼적령기의 미혼이었다. 파독 광부와 간호사가 한인회 주최 모임 등에서 만나 현지에서 결혼하는 사례가 많았다. 간호사들은 광부 말고도 유학생, 독일인 등과 결혼해 서독에 정착하기도 했다.

이에 반해 광부들이 현지 여성과 결혼한 사례는 거의 없었다. 광부들은 제한된 공간에서 일했기 때문에 독일어가 서툴렀고 특별한 기술력이 없어 다른 직종으로 이직하는 것이 쉽지는 않았다.

유럽에 사는 재외동포 가운데 독일이 4만170명(2016년 말 기준)으로 가장 많은 것은 간호사와 광부 들이 정착해 한인 사회를 이뤘기 때문이다. 이들 가운데 일부는 유럽의 다른 나라로 옮겨 살기도 했다. 미국 로스앤젤레스와 시카고 한인촌의 기초를 만든 사람도 독일에서 이주한 광부들이었다.

광부와 간호사 · 간호조무사 들이 모국으로 송금한 돈은 외화가 부족하던 시절 우리나라 경제에 크게 기여했다. 1965~1967년 총 수출액의 1.6~1.9%를 차지한 것으로 추정된다.

1964년 12월 10일, 서독을 방문한 박정희 대통령이 루르 지방의 함보른 탄광을 찾았다. 1년 전부터 일하고 있는 한국인 광부와 인근에서 찾아온 간호사와 동포 등 600여 명이 태극기를 들고 환영했다. 탄광회사의 브라스밴드가 애국가를 연주하자 모두 소리 높여 따라 부르다 목이 메었다. 애국가 제창이 끝난 뒤 박 대통령이 연설을 시작했다.

"조국을 떠나 이역만리 남의 나라 땅 밑에서 얼마나 노고가 많으십니까. 한국 사람들이 제일 잘하고 있다는 칭찬을 받고 있는 것을 기쁘게 생각합니다. 조국의 명예를 걸고 열심히 일합시다. 비록 우리 생전에는 이룩하지 못하더라도 후손을 위해 남들과 같은 번영의 터전만이라도 닦아놓읍시다."

광부들의 울음소리가 더욱 커져 연설이 제대로 이뤄지지 못할 지경이었다. 박 대통령과 육영수 여사도 더 이상 참지 못하고 눈물을 터뜨려 강당 안은 울음바다가 됐다. 대통령 수행원은 물론 탄광회사 직원들과 이 광경을 취재한 기자들도 함께 흐느꼈다.

통역관으로 그 자리에 함께 있던 백영훈 박사는 "그날의 일은 내 인생에서 아주 충격적인 기억으로 남아 있다"면서 "그때 박 대통령이 광부 · 간호사들과 함께 흘린 눈물이 조국 근대화의 시발점이었다"라고 평가했다.

32 대한민국 경제 영토 넓혀가는 한상

1981년 3월 31일, 미국 · 일본 · 서독 등 16개국에서 온 102명의 재외동포 무역인이 서울 강남구 삼성동 코엑스에 모였다. 서울교역전 개막을 하루 앞둔 날이었다. 정부는 이전까지 한국 상품만을 전시하던 서울교역전을 국제무역전람회로 확대해 외국 제품도 전시하기로 하고 재외동포 무역인을 대거 초청했다.

고도성장을 구가하다가 1979년 2차 오일쇼크와 1980년 정정 불안으로 주춤해진 경제지표를 수출 드라이브 정책으로 다시 끌어올리기 위해 동포들의 힘을 빌리려는 제5공화국 정부의 포석이었다.

정부의 '러브 콜'에 화답하기로 뜻을 모은 재외동포 무역인들은 이틀 뒤인 4월 2일 '해외한국교포무역인연합회'를 출범하고 장우상 재미한인무역협회장을 초대 회장으로 추대했다.

4월 4일에는 청와대 영빈관에서 전두환 대통령을 만나 방위성금 102만 8천 달러를 기탁하기도 했다. 이 단체가 오늘날 74개국 146개 지회에 정회원 7천여 명과 차세대 회원 2만여 명을 거느린 세계한인무역협회월드옥타 · World-OKTA로 성장한 것이다.

세계 각국에는 낯설고 물선 타국 시장에 맨주먹으로 뛰어들어 성공 신화를 쓴 글로벌 한상韓商이 수두룩하다. 매출 30조 원을 헤아리는 일본 마루한의 한창우, 인도네시아 재계 서열 20위권에 드는 코린도그룹 승은호, 미국 스포츠모자 시장점유율 25%를 자랑하는 소네트그룹 조병태, 미국 내 아시아계 은행 가운데 3위에 랭크된 뱅크오브호프의 고석화, 재미동포 기부

• • • 2018년 4월 6일 제주도 서귀포시 국제컨벤션센터에서 '제20차 월드옥타 세계대표자대회 및 수출상담회'가 열리고 있다.(월드옥타 제공)

왕 홍명기, 미국 카펫업계를 석권한 임창빈, 오스트리아 영산그룹의 박종범, 불가리아 라면왕 박종태, 호주 천용수, 라오스 오세영, 가나 임도재, 말레이시아 권병하, 인도네시아 김우재, 싱가포르 박기출 등이 대표적이다.

한국이 무역 규모 세계 7위의 경제 대국으로 성장하기까지 동포 경제인들의 공로도 작지 않다. 이들은 누가 시키지 않아도 남미 땅끝이나 아프리카 오지까지 누비며 '메이드 인 코리아' 제품의 수출길을 뚫는 데 앞장섰는가 하면, 현지의 첨단 기술과 아이디어를 국내에 소개하기도 하고, 피땀 흘려 번 돈을 고향에 투자하거나 동포들에게 기부했다.

'구슬이 서 말이라도 꿰어야 보배'라는 속담처럼 한 명 한 명이 영롱한 구슬이던 이들은 월드옥타 네트워크라는 줄로 꿰어져 모국 경제의 보배가 됐다. 그때까지 산발적으로 이뤄지던 모국과의 협력이 활발해졌고 지역 한상 간의 연대도 긴밀해졌다.

월드옥타는 지역별로 '모국 상품 구매단'을 꾸려 1983년부터 1991년까지 매년 1~6차례 모국을 방문해 수출 상담을 벌였다. 1994년 1월 상공자원부에 사단법인으로 등록한 뒤 2년여의 준비 기간을 거쳐 1996년 11월 '제1차 코리안 네트워크대회'를 개최했다. 이 대회는 '한민족경제공동체 해외지도자 연수회'와 '세계대표자회의&워크숍'으로 바뀌었다가 지금의 '세계대표자대회 및 수출상담회'(봄)와 '세계한인경제인대회'(가을)로 자리 잡았다.

월드옥타는 2016년부터 회원들과 해외 진출을 바라는 국내 기업을 1 대 1로 연결해 지원하는 '수출 친구 맺기' 프로젝트를 펼쳐 2년간 1천200여 건의 수출 상담 실적을 올렸다, 2018년 4월 제주도에서 개최한 '제20차 세계대표자대회 및 수출상담회'에서는 '1회원사 1모국 청년 채용' 캠페인을 시작해 2020년까지 500명의 국내 젊은이에게 해외 일자리를 제공할 계획이다.

월드옥타 회원들은 2002년부터 재외동포재단 주최로 해마다 열리고 있는 세계한상대회의 주축 멤버로도 참여하는 한편 각국의 재외 공관, 코트라 무역관, 한인회 등과도 연대를 강화하며 모국과 동포 사회의 가교 구실을 하고 있다.

월드옥타는 조직의 지속 성장을 위해서나 한민족 경제공동체의 미래를 위해서도 차세대 육성이 절실하다고 판단하고, 2003년 7월 제1차 모국 방문 차세대 무역스쿨을 개설했다. 지역별 차세대 무역스쿨 수료생 가운데 우수자를 모국으로 초청해 무역 실무를 가르치며 경영 노하우를 전수하고 모국 문화를 체험하게 했다.

'한민족 경제 사관학교'라고 불리는 차세대 무역스쿨의 전 세계 수료생은 2018년까지 2만여 명에 이른다. 월드옥타는 율곡 이이가 국난에 대비해 '10만 양병설'을 주장한 것처럼 10만 명의 차세대 무역인을 양성해 세계 경제 전쟁에 대처하게 한다는 목표를 세워놓고 있다.

월드옥타 차세대 회원들은 정회원들과 여러모로 다른 특성을 지닌다. 나고 자라면서부터 이중 언어를 구사할 줄 알고 현지 문화에 익숙하다. 비교적 풍족한 환경에서 고등교육을 받았고 디지털 감성과 글로벌 감각을 지니고 있다. 말도 잘 통하지 않는 타국에서 차별과 냉대를 겪으며 맨손으로 부딪쳐온 앞 세대보다는 훨씬 좋은 환경과 조건을 갖추고 있는 셈이다.

반면 경계인으로서의 삶을 살며 정체성 혼란을 겪고 있다. 세계화의 물결 속에 모국과의 연계나 동포 기업인 간의 연대의식도 갈수록 희미해지고 있다. 예전처럼 애국심이나 동포애에만 호소하며 모국 경제에 보탬이 되어

달라고 요구할 수도 없다.

그러나 갈수록 국경의 장벽이 낮아지는 가운데서도 국가 · 민족 · 블록 간 경쟁은 더욱 치열해지고 있다. 수천 년에 걸쳐 형성돼온 유대인들의 네트워크는 세계 금융업계와 문화산업을 쥐락펴락하고 있고, 해외 중국인들의 화교華僑공동체는 동남아 경제권을 장악하며 미주와 유럽 등지로도 영향력을 넓혀가고 있다.

743만 재외동포는 국력의 외연이자 대한민국의 소중한 자산이다. 이 가운데서도 한인 경제인들은 대한민국의 경제 영토를 넓히고 있는 주역들이다. 이들이 자발적으로 모국과 손잡게 하려면 정부의 지원과 국민의 성원이 뒷받침돼야 한다.

한류의 원조 태권도 사범

한상(韓商) 못지않게 전 세계 곳곳에 퍼져 있는 동포 직업군을 꼽자면 개신교 선교사와 태권도 사범을 들 수 있다. 우리나라 전통 무예를 현대화한 태권도는 오늘날 한류의 원조 격이기도 하다.

태권도가 해외에 알려진 계기는 월남전이다. 1964~1973년 월남 파병 당시 태권도 시범단이 미군과 월남군 등이 보는 앞에서 태권도의 위력을 과시하자 가르쳐달라는 요구가 쏟아졌다. 1972년 정부가 파견을 시작한 이래 태권도 사범들은 세계 각국으로 진출해 민간 외교관 역할을 톡톡히 하고 있다.

1970년대까지만 해도 동양을 대표하는 무술은 가라테였다. 영어로 'Taekwondo'라고 적힌 간판을 내걸면 중국음식점인 줄 알고 들어오는 사람이 많아 '코리안 가라테'라는 이름을 내세운 사례도 흔했다고 한다.

그러나 태권도의 우수성에 사범들의 개척 정신이 더해져 태권도는 일본의 가라테를 눌렀고 전 세계 도장에 태극기가 내걸린 가운데 '차렷', '경례' 등의 우리말 구령이 울려 퍼지고 있다.

태권도가 2000년 시드니 올림픽 때 정식 종목이 된 것을 계기로 태권도의 인기와 위상은 더욱 높아졌다. 현재 전 세계의 태권도 수련자는 203개국 8천만 명을 헤아리며 국내외 지도자도 5만 명에 이른다.

그러나 태권도는 남북으로 갈라진 상태다. 국제 경기 단체도 한국이 주도하는 세계태권도연맹(WTF)과 북한이 이끄는 국제태권도연맹(ITF)으로 양분돼 있는 가운데 ITF는 내분을 겪고 있다.

태권도를 창시한 최홍희는 1918년 함경북도 명천군에서 태어났다. 일본에 유학해 공수도(당수도 · 가라테)를 배웠다가 해방 후 군사영어학교를 졸업하고 1946년 1월 조선경비대 소위로 임관했다. 1953년 9월 제주도에서 창설된 보병 제29사단으로 부임한 뒤 남태희 중위와 한차교

파월 한국군 태권도 시범단이 베트남인들이 지켜보는 가운데
격파술을 선보이고 있다.

하사를 사범으로 내세워 장병들에게 가라테에 우리 민족 고유의 권법을 접목한 무술을 가르쳤다.

1954년 9월 제1군 창설 4주년 기념식 때 남태희가 일격에 기와 13장을 격파하자 이승만 대통령은 박수를 치며 "저건 예부터 전해오는 택견이야. 앞으로 전 군에 보급해"라고 말했다. 최홍희는 '밟을 태(跆)'에 '주먹 권(拳)' 자를 따 '태권도'라는 명칭을 제안했고 1956년 1월 이 대통령으로부터 '태권도 우남(이승만의 호)'이라고 쓰인 친필 휘호를 받았다.

대한태권도협회를 이끌던 최홍희는 공수도와 당수도 명칭을 고집하는 관장들과의 마찰, 박정희 대통령과의 불화 등으로 1966년 불명예 퇴진한 뒤 그해 3월 한국 · 미국 · 서독 · 이탈리아 · 베트남 등 9개국이 참가한 ITF를 창설했다가 1972년 1월 캐나다로 망명했다. 이후 북한의 지원을 받아 《태권도 백과사전》을 저술하고 해외에 태권도를 보급하다가 2002년 평양에서 사망했다.

한국에서는 1971년 김운용이 대한태권도협회장에 취임해 1972년과 1973년 국기원과 WTF를 잇따라 세웠다. 국기원과 WTF는 한국의 경제 성장과 함께 세계로 뻗어나갔다. 2014년 9월에는 전북 무주에 체험 · 수련 · 상징 공간을 갖춘 국립태권도원이 설립돼 태권도 종주국의 메카

구실을 하고 있다.

우리나라에서 일본으로 전해진 것으로 추정되는데도 전 세계에서는 일본어로 통용되는 문화가 여럿 있다. '선(禪)', '두부(豆腐)', '바둑(碁)'은 서양에서 각각 '젠(Zen)', '도후(Tofu)', '고(Go)'라고 부른다. 종이접기 역시 일본이 국제 표준이다. 미국과 유럽 등지의 유치원과 초등학교에서는 '오리가미'라는 일본식 이름으로 가르치고 있다.

그러나 태권도가 가라테를 눌렀듯이 종이문화재단도 '오리가미'를 제치겠다는 꿈을 품고 전 세계에 '삼각접기', '학접기' 등 우리말 용어로 한국식 종이접기를 알리고 있다. 한국이 종이접기의 종주국 자리를 되찾을 수 있을지 자못 기대된다.

Chapter

05

세계에 한국을 알리는 한류와 공공외교

33 한류 드라마 효시 「사랑이 뭐길래」 중국 진출기

1997년 6월 15일 일요일 오전 9시, 중국 국영방송 CCTV 채널1에서 시청자에게 친숙한 듯하면서도 낯선 느낌의 TV 드라마가 흘러나왔다. 가부장적인 집안과 현대적 분위기의 집안이 사돈을 맺으며 벌어지는 일들을 유쾌하게 그려낸 한국의 「사랑이 뭐길래」였다.

시청자들은 전통에 대한 향수를 불러일으키면서도 세련되고 도회적인 분위기를 담은 화면에 금세 빠져들었다. 신구 세대와 동서 문화 간의 충돌 과정을 코믹하게 묘사한 해프닝에 박장대소하는가 하면, 젊은 부부의 사랑 다툼에 흐뭇한 표정을 짓기도 하고, 시부모와 며느리가 부딪치며 소통하는 과정을 보고 고개를 끄덕였다.

「사랑이 뭐길래」는 MBC TV를 통해 1991년 11월부터 이듬해 5월까지 주말연속극으로 선보였을 때도 평균 59.6%로 역대 시청률 1위를 기록했다. 극작가 김수현의 아기자기한 구성과 맛깔스러운 대사, 박철 PD의 노련한 연출, 주연 배우들의 탄탄한 연기가 어우러져 시청자들을 웃기고 울렸다.

시집살이하는 여주인공 지은(하희라)이 고집 센 시아버지(이순재)와 허풍 심한 소아과 레지던트 남편 대발(최민수)을 슬기롭게 변화시킨다는 것이 기둥 줄거리다. 여기에 여고 동창인 여순자(김혜자)와 한심애(윤여정)의 우정과 질투, 대조를 이루는 양가 아버지들의 분위기, 지은의 할머니 세 자매 역을 맡은 여운계 · 강부자 · 사미자의 구수한 입담, 지은의 시누이와 친정 동생들로 등장한 임경옥 · 신애라 · 김찬우의 풋풋한 스타일 등이 흥미를 더했다.

「사랑이 뭐길래」가 중국에서 폭발적인 인기를 누린 것은 누구도 예상 못한 일이었다. 1992년 한중 수교 이듬해 최수종 · 최진실 주연의 「질투」를 시작으로 몇몇 한국 드라마가 중국 전파를 탔어도 이처럼 히트한 사례는 없었다.

「사랑이 뭐길래」는 12월 14일까지 매주 일요일 오전 9~11시에 방송돼 평균 시청률 4.2%로 CCTV 수입 드라마 가운데 역대 2위에 랭크됐고 1억 5천만 명의 시청자를 끌어들였다. CCTV는 1998년 7월부터 10월까지 채널2를 통해 재방송했다.

중장년 시청자는 가족 공동체와 유교적 문화에 공감하고, 젊은이들은 연기자들의 세련된 용모와 첨단 패션에 열광했다. 중국 정부의 저임금 정책 때문에 부부의 맞벌이가 당연시되다가 1990년대 중반부터 신흥 부유층이 등장해 일부 기혼 여성이 자녀 교육과 가사를 담당하는 전통적 역할로 되

••• 중국 방송용 「사랑이 뭐길래」 포스터

돌아간 사회 변화를 인기 요인으로 꼽는 학자도 있다.

이민자 서울디지털대 교수는 "그동안 경제적 무능력으로 인해 상실됐던 가부장적 권위의 부활을 보여줘 중국 남성들의 숨겨진 욕망을 채워주고, 부르주아적 소비 생활을 동경하는 여성들의 바람을 대리 만족시켰다"면서 "만일 「사랑이 뭐길래」가 몇 해만 일찍 방송됐다면 그처럼 높은 시청률을 기록할 수 없었을 것"이라고 풀이했다.

「사랑이 뭐길래」가 방송된 1997년은 '한류 원년'으로 꼽힌다. 이때부터 중국 언론들이 '한류韓流'라는 말을 썼고, 1999년 한국 문화관광부가 한국

음악을 해외에 알리기 위해 제작한 음반과 포스터의 제목 '韓流-Song from Korea'에 공식적으로 사용되며 방송과 신문 등으로 널리 확산됐다.

일본에서 한류 인기몰이에 나선 선두 주자는 「겨울연가」다. 결혼을 앞둔 여자에게 죽은 첫사랑을 닮은 남자가 나타나면서 벌어지는 이야기를 담았다. KBS 2TV에서 「가을동화」의 뒤를 이어 2002년 1월부터 3월까지 방송된 뒤 2003년 4~9월 일본 위성채널 BS2에서 선보였다.

심야 시간대인 밤 11시에 방송됐는데도 입소문을 타면서 회를 거듭할수록 시청률이 치솟았다. 특히 30~40대 주부들이 순수하면서 따뜻한 남주인공 캐릭터에 열광해 일종의 사회 현상으로까지 번져갔다. 최종회 시청률은 위성채널로는 경이적인 20%대를 기록했다.

재방송 요구가 빗발쳐 그해 12월 같은 채널에서 재방송됐는데, 지상파 채널에서도 볼 수 있게 해달라는 주문에 따라 이듬해 4월부터 8월까지 NHK 종합채널에 편성됐다. 배우들의 원래 목소리를 듣고 싶다는 요청도 쏟아져 2004년 12월에는 NHK BS2 채널이 일본어 더빙판이 아니라 일본어 자막을 입혀 방송했다. 이후 지역 민방에서도 경쟁적으로 틀어댔고 비디오 · DVD · 소설 · 애니메이션 등으로도 발매됐다.

이에 힘입어 주연인 배용준과 최지우는 각각 '욘사마'와 '지우히메'로 불리며 일본 팬들의 우상으로 떠올랐고, 촬영지는 일본 주부 팬들의 성지 순례 코스가 됐다. 대표적인 곳이 강원도 춘천의 남이섬과 경상남도 거제도에 딸린 외도로, 일본을 비롯한 각국 팬들의 발길이 지금도 끊이지 않고 있다.

그 뒤 「가을동화」, 「별은 내 가슴에」, 「이브의 모든 것」, 「모델」, 「명랑소녀 성공기」, 「천국의 계단」, 「태왕사신기」, 「꽃보다 남자」, 「풀하우스」, 「아이리스」, 「상속자들」, 「태양의 후예」, 「도깨비」 등이 한류 드라마의 계보를 이어갔다. 특히 「대장금」은 사극의 세계화에 성공한 작품으로 한식 열풍도 불러왔다. 「별에서 온 그대」는 중국에 일명 '치맥(치킨+맥주)'과 '천송이(여주인공 전지현이 맡은 배역 이름) 코트'를 유행시켰다.

대상 지역도 중국 · 일본 · 대만 등 동북아시아를 벗어나 베트남 · 몽골 · 태국 · 인도네시아 · 필리핀 등지는 물론 중동, 남미, 유럽 등으로도 확산되는 한편 가요 · 영화 · 패션 · 게임 · 음식 · 미용 등 한국 대중문화와 관련 산업 전반의 인기로 번져갔다.

국제교류재단의 집계에 따르면, 2017년 말 기준으로 92개국에서 1천594개의 한류 동호회가 결성돼 7천312만 명의 회원이 활동하고 있다. 이들은 드라마와 K팝 등 대중문화뿐만 아니라 전통 무용, 국악, 태권도, 서예, 공예 등 다양한 한국 문화를 배우며 즐기고 있다.

34 HOT 탄생과 K팝 세계화

1996년 9월 7일 MBC TV 「토요일 토요일은 즐거워」에서 5인조 남성 그룹 HOT가 '전사의 후예'라는 제목의 노래를 처음 선보였다. 이들은 잘생긴 외모에다 격렬하고 절도 있는 춤 동작, 속사포처럼 쏘아대는 랩, 학원 폭력을 고발하는 노랫말 등으로 10대 팬들을 단숨에 사로잡았다. 이날 무대는 우리나라 대중음악사를 이전과 이후로 가르는 분수령이 됐다.

HOT의 복장과 몸짓, 비트가 강한 곡조와 반항적 내용의 가사 등은 1992년 깜짝 등장해 가요계에 돌풍을 일으킨 '서태지와 아이들'을 흉내 낸 듯했지만 무대에 오르기 전의 준비 과정을 보면 확실히 이전 가수들과 달랐다. 재능 있는 재목을 발굴하고 이를 다듬어 가수로 무대에 내놓는 게 아니라, 콘셉트를 정하고 미리 짜놓은 기획에 맞춰 후보들을 뽑아 연습시키는 방식으로 순서가 바뀐 것이다.

SM엔터테인먼트의 이수만 대표는 10대가 가요시장을 움직인다는 사실을 간파하고 노래보다는 춤과 얼굴을 내세우는 한편 '또래 문화'의 특성에 착안해 고등학생을 발탁해 훈련시켰다. 그러고는 1995년 초 '하이파이브 오브 틴에이저Highfive of Teenager', 즉 'HOT 프로젝트'를 가동했다.

춤 실력과 외모, 개성을 갖춘 청소년들을 물색하기 위해 중고생이 많이 모이는 길목에 직원들을 파견해서 한국과 미국에서 열대여섯 명의 연습생을 뽑았다. 이들을 집중적으로 조련해 최종 관문을 통과한 문희준 · 강타 · 이재원 · 장우혁 · 토니안 5명으로 HOT를 탄생시켰다.

HOT를 '에이치오티'라고 발음하느냐, '핫'이라고 읽느냐로 신세대와 구세대를 구분한다는 말은 우스갯소리로만 넘길 일이 아니었다. '서태지와 아이들'을 계기로 기성세대와 10대로 나뉘기 시작하던 가요 소비시장도 이때부터 10대가 주도했다.

HOT의 팬들은 당시 PC통신 천리안과 하이텔을 중심으로 팬클럽을 결성해 조직적으로 움직이며 콘서트 관람과 음반 구매 등의 분위기를 장악했다. '아저씨' 팬들은 그룹 멤버 이름도 모르고 노래도 잘 따라 부르지 못한 채 뒷전으로 밀려났다.

HOT의 성공은 SM 왕국의 개국을 알리는 서곡이자 아이돌 그룹의 전성시대를 여는 서막이었다. 이수만은 뒤이어 등장한 같은 뮤직 프로듀서 1세대 YG의 양현석과 JYP의 박진영과 트로이카 체제를 이뤄 K팝의 세계화를 이끌었다.

HOT는 사전 기획에 의해 만들어진 아이돌 그룹 1호였으나 K팝 세계화의 선두 주자는 아니었다. HOT는 2000년 2월 중국에서 콘서트를 열어 이른바 '대박'을 터뜨리는데, 그에 앞서 여고생 그룹 SES가 일본에 진출했고 SES · 핑클과 함께 걸그룹 1세대 격인 베이비복스가 중국에서 인기몰이에 나섰다.

그 뒤로 강원래 · 구준엽의 클론이 대만 시장을 석권하고 NRG와 장나라가 중국에서 선풍적인 인기를 끄는가 하면 동방신기 · 슈퍼주니어 · 비 · 소녀시대 · 원더걸스 · 2PM · 빅뱅 · 2NE1 · 샤이니 · 카라 · EXO · 엑소 · CN블루 · 여자친구 · 트와이스 등 말 그대로 기라성 같은 스타들이 전 세계 가요 팬들을 사로잡았다. 싸이와 방탄소년단은 유튜브 조회 수와 빌보드차트

• • • 2018년 7월 27일 브라질 포르탈레자에서 열린 '제2회 K-콘텐츠 쇼케이스 in 브라질'에서 K팝 팬들이 커버댄스 배틀을 펼치고 있다.(한국콘텐츠진흥원 제공)

에서 눈부신 기록을 세웠다.

세계 어느 나라를 가나 K팝 가사를 흥얼거리거나 춤을 흉내 내는 젊은이들을 만날 수 있으며, 웬만한 각국 도시에서는 K팝 커버댄스 대회가 수시로 열린다. 최근에는 한국을 방문한 외국인 관광객에게 K팝 댄스를 가르쳐 주는 체험 프로그램도 생겨났다.

K팝의 특징과 장점으로는 예쁜 얼굴과 날씬한 몸매(남성은 잘생긴 얼굴과 탄탄한 몸매), 이른바 '칼군무'로 불리는 화려하고 절도 있는 안무, 일명 '후크송'이라고 일컫는 반복적이고 중독성 있는 멜로디와 가사, 혹독한 훈련과 철저한 경쟁 위주의 선발 시스템, 글로벌 시장을 겨냥한 다국적 제작진의 협업, 대중의 기호에 맞춘 끊임없는 변화 등을 꼽을 수 있다.

여기에 중국과 동남아의 개혁 · 개방과 경제 성장, 인터넷과 스마트 기기의 보급에 따른 가요 소비 시장의 국제화, 미국 대중문화의 주도권 약화 등의 요인도 작용한 것으로 풀이된다.

그러나 가요 한류가 본격화하기 전에도 우리나라 가수들은 꾸준히 해외 시장을 노크했고 이 가운데 일부는 의미 있는 성공을 거뒀다. 미국에서 음반을 낸 것은 재미동포와 결혼해 도미한 가수 옥두옥(1956년)이 처음이었다. 그러나 원조 한류라고 할 만한 걸그룹은 단연 김씨스터즈였다.

'목포의 눈물'의 가수 이난영은 뮤지컬 악단을 이끌던 남편 김해송이 6 · 25전쟁 중 납북되자 열 살 남짓한 영자 · 숙자 · 애자 세 자매를 1951년 미군 클럽 무대에 올렸고, 나중에 영자 대신 조카 민자(본명 이향)를 합류시켜 미국에 진출시켰다.

1959년 1월 9일, 김씨스터즈는 라스베이거스 선더버드 호텔에서 춤과 노래와 악기 연주를 선보였다. 첫 무대에서 폭발적인 호응을 얻자 다른 호텔에서도 공연 요청이 쇄도했고, 미국 최고의 버라이어티 쇼로 꼽히던 CBS TV 「에드 설리번 쇼」에도 22차례나 출연했다. 1960년에는 '찰리 브라운'과 '아리랑' 등 12곡을 수록한 데뷔 음반을 냈다.

서울대 음대 출신 여가수 1호 릴리화최정환는 1959년 서독으로 유학을 떠나 유학생 경연대회에서 최고상을 차지한 뒤 음반을 냈고, '이별의 종착역'으로 유명한 손시향은 미국으로 이민해 리 손이라는 이름으로 독집을 발표했다. 패티김은 1960년 해방 후 처음으로 일본의 초청을 받아 전국 순회공연을 펼친 데 이어 미국으로도 진출했다. 이 밖에 한명숙 · 쟈니브라더스 · 이미자 · 정훈희 · 김상희 · 펄시스터즈 · 이성애 · 와일드캣츠 · 조용필 · 나훈아 · 코리아나 · 김연자 · 계은숙 등이 일본과 동남아 등지에서 인기를 누렸다.

K팝의 인기 불 지핀 트로이카

K팝의 메카 SM엔터테인먼트는 대표 이수만의 이름 영문 머리글자를 딴 것이다. 그도 1970년대 인기 가수였으나 1980년대 들어 노래보다는 방송 진행자로 재능을 더 인정받았고 1990년대 이후로는 음반기획자, 연예매니지먼트사 대표로 이름을 날리고 있다.

이수만은 경복고 재학 시절 밴드를 결성했고 서울대 농과대에 입학해 교내 그룹사운드 '샌드페블즈' 2기로 활동했다. 1971년 5월 백순진과 함께 결성한 듀엣 '4월과 5월'의 멤버로 있다가 이듬해 솔로로 데뷔해 '모든 것 끝난 뒤', '파도', '한송이 꿈', '행복' 등의 히트곡을 남겼다.

가수 겸 진행자로 인기를 누리던 그는 1981년 미국 유학을 떠나 컴퓨터공학을 전공했다. 그곳에서 분업화된 스타 시스템을 눈여겨보고 음악 전문 케이블TV MTV의 성공을 지켜봤다.

1986년 귀국한 뒤 가수와 MC로 다시 활동하다가 1989년 SM기획을 설립했다. 유영진 · 한동준 · 김광진 등 실력파 발라드 가수들의 음반을 제작했지만 별 재미를 보지 못했고, 댄스 가수 현진영을 발굴해 돌풍을 일으켰다가 현진영이 마약 사범으로 붙잡히는 바람에 쓴맛을 봤다.

1990년대 후반 HOT · SES · 신화의 잇따른 성공으로 국내 가요 시장을 석권했으나 그는 여기서 만족하지 않고 눈을 해외로 돌렸다. 일본 시장을 겨냥해 초등학생 소녀 보아를 훈련시킨 뒤 '아시아의 별'로 키운 것이다. 보아는 음반을 낼 때마다 일본 차트의 상위권을 휩쓸어 이수만의 기대에 부응했다.

이후로도 동방신기 · 슈퍼주니어 · 소녀시대 · 샤이니 · f(x) · 엑소 · 레드벨벳 등을 줄지어 스타로 탄생시켜 이수만은 '스타 제조기', '미다스의 손' 등의 별칭을 얻었다. 처음부터 아이돌 그룹 멤버에 재외동포나 외국인 멤버를 포함시키는가 하면 작곡 · 편곡 등의 스태프에도 해외 제작진을 참여시켜 세계 시장의 팬들이 열광하게 만들었다.

양현석은 1992년 '난 알아요'란 노래로 가요계를 발칵 뒤집어놓은 '서태지와 아이들'의 멤버였

SM, YG, JYP엔터테인먼트 3사의 심벌과 로고

다. 1996년 '서태지와 아이들'이 해체된 뒤 기획자로 변신해 1997년 MF기획을 차렸다. 이듬해 양군기획으로 개명했다가 2001년 YG엔터테인먼트로 이름을 바꿨다.

지누션 · 원타임 · 휘성 · 거미 · 세븐 · 빅뱅 · 2NE1 · 타블로 · 악동뮤지션 · 블랙핑크 · 아이콘 · 위너 등이 그에게 조련됐다. YG가 낳은 최고의 블루칩은 2001년 '새'로 데뷔한 싸이다. 그는 2012년 중독성 있는 멜로디와 가사, 코믹한 안무의 '강남 스타일'을 발표해 전 세계 인류가 '말춤'을 추게 만들었다. 이 노래는 4주 연속 빌보드 차트 2위에 올랐고 뮤직비디오는 유튜브에서 조회 수 30억을 기록했다.

YG 패밀리는 양현석의 스타일처럼 외모보다는 실력과 끼를 중시하는 편이고, 춤도 이른바 '칼군무'를 추는 SM 식구들과 달리 자유분방한 타입이다. 노래도 흑인음악풍이 강하다.

SM · YG와 함께 가요 시장의 트로이카로 불리는 JYP엔터테인먼트의 박진영 역시 가수 출신이다. 그는 '날 떠나지 마', '청혼가', '그녀는 예뻤다', '허니' 등의 노래를 통해 개성 있는 창법과 현란한 춤 솜씨를 과시해 인기를 얻었고, 2012~2014년 음원 저작권 수입 1위를 기록한 작곡가이기도 하다.

그는 1997년 태흥기획을 설립했다가 자신의 영문 이름을 딴 JYP로 바꿨다. 진주 · god · 박지윤 · 비 · 별 · 원더걸스 · 2PM · 2AM · 미쓰에이 · GOT7 · 트와이스 등이 그의 손을 거쳤다.

박진영은 안무와 작곡 등을 직접 하며 CEO라기보다 선배이자 선생님 같은 분위기로 소속사 가수들을 이끌고 있다. 이른바 현장형 기획자로 꼽히며 '섹시 콘셉트'를 즐겨 내세운다.

이 밖에도 '방탄소년단'을 탄생시킨 빅히트엔터테인먼트, 워너원 · 에일리 · 제시의 YMC, FT아일랜드 · CN블루 · AOA의 FNC, 인피니트 · 러블리즈의 울림엔터테인먼트, 황치열 · 마마무의 HOW엔터테인먼트 등이 속속 스타를 길러내며 전 세계 K팝 팬들을 매료시키고 있다.

35 전 세계 어린이의 대통령 '뽀로로' 탄생기

뽀통령(뽀로로+대통령), 뽀느님(뽀로로+하느님), 뽀수 그리스도(뽀로로+예수 그리스도), 뽀이돌(뽀로로+아이돌), 유아들의 동방신기, 어린이 최대 종교…. 모두 애니메이션 「뽀롱뽀롱 뽀로로」의 높은 인기를 빗댄 별명들이다.

유아들이 있는 가정의 평화에 엄청나게 기여했으니 노벨 평화상을 줘야 한다는 주장까지 나온다. 실제로 한바탕 울음을 터뜨리거나 시끄럽게 떠들던 아이도 '뽀로로'만 틀어놓으면 조용해지는 광경을 누구나 한 번쯤은 목격했을 것이다. 2011년에는 아기의 두 다리가 주전자에 꽉 끼는 사고가 있었는데, 당황해 어쩔 줄 몰라 허둥대는 부모와 달리 정작 아기는 119 구조대원이 출동해 꺼내줄 때까지 '뽀로로'를 시청하느라 얌전히 있었다는 일화도 있다.

2010년 밴쿠버 동계올림픽 여자 피겨스케이팅 금메달리스트 김연아가 우표로 발행됐을 때 9일 동안 192만 장이 팔려나가는 기록을 세웠다. 그러나 최고의 인기를 누리던 김연아도 얼마 후 굴욕을 겪는다. 뽀로로 우표가 320만 장이나 팔려나간 것이다.

「뽀롱뽀롱 뽀로로」는 최상현 작가가 캐릭터를 디자인하고 아이코닉스(대표 최종일)와 오콘(대표 김일호)이 공동 제작했다. 북한의 삼천리총회사도 애니메이션 작업에 힘을 보탰다. 최종일 대표가 뽀로로 산파역으로 언론에 소개되자 김일호 대표는 자신이 창작자라며 이른바 '뽀로로 친부 확인 소송'을 냈고, 법원은 두 회사가 공동 제작자라는 결론을 내렸다.

최 대표는 처음부터 세계 시장을 겨냥해 동물을 주인공으로 내세우기로 했으며, 개 · 고양이 · 토끼 · 곰 등은 이미 유명한 캐릭터들이 있어 펭귄 · 여우 · 공룡 등을 택했다고 설명했다. 또 엄청난 능력을 지닌 슈퍼 히어로나 완벽한 외모의 왕자 · 공주 대신 아이들이 친구처럼 친근하게 느낄 수 있는 외모와 성격으로 설정했다고 한다.

비행사용 고글을 쓴 뽀로로의 모습은 선천적으로는 하늘을 날 수 없지만 날고 싶은 욕망을 상징한다. 그는 호기심 많고 매사에 덤벙대는 사고뭉치인 데다 사소한 일로 친구들과 다투기까지 한다.

뽀로로의 친구들인 크롱(공룡), 패티(펭귄), 루피(비버), 에디(여우), 통통이(용), 로디(로봇), 포비(백곰), 해리(벌새) 역시 각기 개성과 재능이 있지만 뭔가 모자라는 구석이 많다. 그래도 어떤 문제에 부닥치면 힘과 지혜를 모아 스스로 해결해나간다.

2003년 EBS TV로 처음 방송된 이래 시리즈를 거듭하며 국내 유아 시청

••• 「뽀롱뽀롱 뽀로로」의 주인공과 친구들

자를 사로잡았고 전 세계 130개국에 수출됐다. 프랑스에서는 평균 시청률 57%라는 놀라운 기록을 남기기도 했다.

영화, 게임, 뮤지컬, 완구류, 문구류 등은 물론이고 자전거, 통장, 학습지, 비데, 감기약, 물티슈, 가방, 칫솔, 연고, 크림치즈, 요구르트, 그림책, 전화기, 신발, 우산, 장화, 글자체 등 다양한 분야에 뽀로로 캐릭터가 쓰이고 있다. 인터넷에서 '뽀로로' 이름을 붙이고 판매되는 상품을 검색하면 무려 2만 개가 넘게 나온다. 테마파크도 속속 생겨났다.

미국과 일본 애니메이션에 눌려 하청공장으로 명맥을 유지하던 우리나라에서 국산화의 성공 가능성을 보여준 첫 작품은 1976년 극장에서 개봉된 「로보트 태권V」다. 이후로도 한동안 침체기를 겪다가 1980년대 후반부터 「달려라 하니」, 「날아라 슈퍼보드」, 「떠돌이 까치」, 「영심이」, 「머털도사」, 「내 친구 우비소년」 등이 TV로 방영돼 인기를 끌었다.

이 가운데 '원 소스 멀티 유스'의 사업 다각화에 성공한 선두 주자는 「아기공룡 둘리」다. 1983년 4월부터 〈보물섬〉에 연재된 이 만화는 애니메이션으로 꾸며져 1987년 KBS TV 전파를 탔으며 극장용 애니메이션과 뮤지컬로도 만들어졌다.

빙하에 갇혀 얼어붙은 채 서울 변두리까지 흘러온 둘리는 고집불통 고길동 집에 얹혀사는데 길동의 자녀인 철수와 영희가 따뜻하게 챙겨준다. 둘리는 늘 철없는 행동으로 말썽을 저질러 고길동의 화를 돋운다. 노래 못하는 가수 지망생 마이콜, 깐따삐야 별에서 온 외계인 도우너, 서커스단에서 탈출한 타조 또치, 늘 노리개젖꼭지를 물고 있는 길동의 조카 희동이 등도 어설픈 행동으로 웃음을 자아낸다. 뽀로로의 친구들처럼 동경의 대상이 아니라 친근한 상대여서 인기를 모은 것이다.

'둘리'는 미국 워너브라더스와 극장용 애니메이션 합작 제작을 추진하다가 IMF 외환위기 탓에 무산되기는 했지만 1999년 독일 등 10여 개국으로 수출됐다. 인형을 비롯한 완구류, 각종 문구류, 신발, 아동복, 아동병원 등 2천여 종에 둘리 캐릭터가 쓰였다.

둘리가 이처럼 많은 사랑을 받자 지방자치단체의 '러브 콜'도 이어졌다. 2000년 12월 경기도 부천에 '둘리의 거리'가 조성되고, 둘리가 성인이 된 2003년 4월에는 부천시로부터 주민등록번호(830422-1185600)를 부여받고 명예시민증도 받았다.

2007년 9월에는 호주 고길동, 본관 도봉, 본적지 서울 도봉구 쌍문동 2-2라고 기재된 호적등본(가족관계증명)도 만들어졌다. 주민등록번호 앞자리는 만화 둘리가 연재를 시작한 날이고, 쌍문동은 작가 김수정이 살던 동네다.

뽀로로 이후에도 「꼬마버스 타요」, 「마당을 나온 암탉」, 「로보카 폴리」, 「안녕 자두야」, 「라바」, 「변신 자동차 또봇」, 「치링치링 시크릿 쥬쥬」 등이 국산 애니메이션의 명맥을 잇고 있으나, 뽀로로에 필적할 만한 히트작은 나오지 않고 있다.

반면 캐릭터 업계에서는 둘리와 뽀로로 말고도 엽기토끼로 불리는 마시마로, 뿌까와 가루, 우비소년, 리틀 토미, 카카오프렌즈, 라바, 졸라맨, 방귀대장 뿡뿡이 등이 국내는 물론 해외에서도 호평을 얻고 있다.

36 세계를 바꾸려는 반크의 꿈

1998년 빌딩 청소를 하며 야간대학에 다니던 가난한 대학생이 인터넷 활용 수업 과제로 외국인과 교류하는 홈페이지를 만들고, 세계 여러 대학의 동아시아 관련 학과 1천여 곳에 편지를 띄웠다. 한국을 알고 싶은 외국인들에게 한국 친구들을 소개해주겠다는 내용이었다.

이 가운데 10분의 1가량 되는 100여 곳에서 답장이 왔다. 이들과 대화하며 한국에 관한 궁금증을 풀어주려다가 주요 해외 사이트에 잘못된 내용이 많다는 사실을 깨달았다.

그는 1999년 1월 1일 한국을 알리는 전용 사이트를 만들고 주요 사이트를 운영하는 해외 기관에 편지를 보내기 시작했다. '다케시마'가 아니라 '독도'라고 알려주고, '일본해'로 표기된 지도에 '동해'를 병기해달라고 요청했다. 이는 단순한 두 나라의 다툼이 아니라 제국주의 침략 과정에서 왜곡된 과거사를 바로잡는 일이라는 설명도 곁들였다.

2000년 세계적 명성의 잡지와 방송 채널을 소유한 내셔널지오그래픽에서 '동해'를 병기하겠다고 응답해왔다. 그때부터 자신감을 얻었고 함께하는 회원도 부쩍 늘어났다. 그 대학생의 이름은 박기태였고, 그 펜팔 사이트가 'Voluntary Agency Network of Korea'의 머리글자를 딴 '반크VANK'의 모태였다.

반크는 '사이버 외교사절단'이라고 불린다. 사이버 공간을 무대로 한국을 올바로 알리는 민간 외교관의 역할을 톡톡히 하고 있기 때문이다. 반크 출범 당시 세계지도에서 동해를 병기한 비율은 3%에 지나지 않았으나 이제는 30%에 이른다.

반크 회원들의 노력에 힘입어, 엔사이클로피디아 등 주요 백과사전 사이트는 고조선을 누락한 채 고구려를 한국 최초의 국가라고 소개했다가 정정했고, 미국 중앙정보국CIA 월드 팩트북은 대한민국이 1천 년간 독립국가였다고 기술한 대목을 '수천 년에 달하는 오랜 독립 역사를 지닌 한국'으로 고쳤다.

영국 국립중앙도서관과 호주 머큐리인쇄박물관은 구텐베르크에 앞서 한국이 금속활자를 발명했으며 《직지심체요절》이 현존하는 가장 오래된 금속활자본이라는 사실을 명기했다. 2018년 6월에는 캐나다 외교부 격인 상무부가 인터넷 홈페이지의 '국가정보' 코너에서 한국의 공용어를 '한국어와 영어', 인종을 '한국인과 중국인'으로 표기했던 것을 '한국어'와 '한국인'으로 각각 수정했다.

반크의 활동 영역은 한국 관련 오류를 바로잡는 것에 그치지 않는다. 15만 명에 이르는 반크 회원은 우리나라 세계유산과 한복 · 김치 등 전통문화를 널리 알리는가 하면, 한반도 통일이 가져올 미래를 펼쳐 보이며 설득에 나서기도 하고, 유엔이 지구촌 문제 해결을 위해 정한 지속가능개발목표SDGs의 달성을 위해서도 팔을 걷어붙이고 있다. 스코필드 · 윤봉길 · 신채호 · 안창호 · 김구 · 안중근 등 독립운동가의 생애와 사상을 소개하고 3 · 1 독립선언서를 각국 언어로 번역해 배포하는 역할도 하고 있다.

••• 2016년 8월 독도를 방문한 반크 회원들

반크가 양성해온 민간 외교관의 종류도 월드 체인저, 글로벌 한국 홍보대사, 글로벌 독도 홍보대사, 디지털 독도 외교대사, 글로벌 통일한국 홍보대사, 한국 문화유산 홍보대사, 글로벌 역사외교대사, 청소년 공공외교대사, 글로벌 통일외교대사, 글로벌 여성인권 대사, 디지털 김치 홍보대사, 유엔 새천년개발목표MDGs 홍보대사 등 10여 개에 이른다. 이들 가운데는 국내 청소년뿐 아니라 재외동포와 외국인도 있다.

일각에서는 반크가 국수주의 단체라거나 지나치게 민족주의를 앞세운다는 등의 비판을 제기하기도 한다. 독도 영유권, 동해 표기, 일본군 위안부 문제 등에 매달리고 '21세기 신新헤이그 특사단'이라는 이름으로 홍보사절단을 파견하다 보니 반일 단체로 알려져 있기도 하다. 심지어 일부 일본인은 사이버 테러 단체라고도 부른다.

특정 사이트에 집단으로 '이메일 폭탄'을 보내 압박하거나 해외 대학 도서관의 장서에 'Dokdo'나 'East Sea'라고 적힌 수정 스티커를 마구 붙이는 일이 일어나다 보니 반크가 배후로 의심을 사는 일도 있었다.

박 단장은 "반크의 목표는 일본에 반대하는 것이 아니라 잘못된 과거사를 바로잡고 진정한 한일 동반자 관계를 구축해 동북아 평화 시대를 열어가는 것이며, 우리의 활동이 국수주의적으로 흐르지 않도록 전 세계 외국인들과 우정을 나누는 데 힘쓰고 있다"라고 역설했다. 실제로 2011년 동일본 대지진이 일어났을 때 반크 회원들은 희생자를 추모하고 이재민을 돕는 캠페인을 전개하며 성금 모금에 나서기도 했다.

그러나 아직도 갈 길은 멀다. 2018년 2월 평창 동계올림픽 개막식 때도 미국 NBC TV의 해설자 조슈아 쿠퍼 라모가 "일본이 1910~1945년 한국을 강점했지만 모든 한국인은 일본이 문화 · 기술 · 경제적으로 본보기가 됐다고 말할 것"이라고 말했는가 하면, 영국 〈더타임스〉는 한반도기 사진의 제주도에 동그라미 표시를 한 뒤 '일본이 소유한 섬'이라는 잘못된 설명을 달았다.

우리나라는 국가 이미지와 위상 제고를 위한 범정부적 · 범국민적 노력을 끌어내고자 2016년 공공외교법을 제정해 시행하고 있다. 그에 앞서 외교부에 담당 직제를 신설하는 한편 국제교류재단을 통해 각국에 한국학 연구와 인력 양성 등을 지원하고 있다.

그러나 '외국 국민과 직접 소통해 우리나라 역사 · 전통 · 문화 · 정책 · 비전 등에 대한 공감대를 확산하고 신뢰를 확보함으로써 외교 관계를 증진하고 국가 이미지와 브랜드를 높여 국제사회에서 영향력을 높이는 활동'이라는 공공외교의 사전적 풀이처럼, 정부 차원의 노력보다는 한류 열풍이나 반크의 활약상 등이 훨씬 큰 힘이 된다. 743만 재외동포와 230만 주한 외국인은 물론 한 해 수천만 명에 이르는 내국인 해외 관광객과 외국인 국내 관광객도 소중한 공공외교 자산이다.

37 개도국에 '한강의 기적' 꿈 심는 KOICA

1960년대 이전에 어린 시절을 보낸 사람들은 성조기 바탕에 악수하는 손 모양 그림이 새겨진 일명 '악수표 밀가루'를 기억한다. 1945년 식민지에서 벗어나자마자 1950년 발발한 6 · 25전쟁으로 산업시설과 농지가 초토화되고 굶어 죽는 사람이 속출하자 미국 등은 밀가루, 옥수수빵, 분유, 약품 등의 구호물자를 보냈다.

유엔도 유엔구제부흥기관UNRRA을 통해 긴급 지원에 나선 데 이어 유엔한국재건단UNKRA을 창설해 정전 후 인천 판유리공장, 문경 시멘트공장, 국립의료원 등을 세웠다. 미국의 원조기관인 국제개발처AID는 서울과 부산 등지에 아파트를 지을 자금을 빌려주기도 했다.

한국이 '한강의 기적'을 통해 비약적인 경제 성장을 이루자, 국제사회로부터 받은 은혜를 갚고 개발 경험을 개발도상국에 전수해야 한다는 목소리가 나왔다.

우리나라가 공적개발원조, 즉 ODAOfficial Development Assistance를 공여한 역사는 1965년 개도국 훈련생 초청 사업과 1967년 전문가 해외 파견 사업으로 거슬러 올라가지만, 1977년 110만 달러 규모의 기자재를 개도국에 지원한 것이 효시로 꼽힌다.

1980년대 들어서는 개도국 주요 인사를 초청해 개발 경험을 교육하는가 하면 무상 건설 기술 용역 사업과 직업훈련원 설립 지원 사업을 시작했다. 정부는 1987년 대외경제협력기금EDCF를 신설한 데 이어 4년 뒤 외교부 산하에 무상원조를 전담하는 정부 출연 기관 한국국제협력단KOICA을 창립했다.

KOICA의 전신은 1965년 설립된 한국해외개발공사다. 남미 등지에 이민을 보내고 서독이나 중동 등지에 근로자를 취업시키는 것이 주업무였다. 그러나 시대 변화에 따라 정부 차원의 인력 송출 업무가 중단돼 국제 개발 협력 기관으로 탈바꿈한 것이다.

1991년 4월 1일 탄생한 KOICA는 처음에 기자재 등 물자 지원으로 시작했다가 이듬해 첫 해외 사무소를 인도네시아에 개설하고 프로젝트형 사업에 나섰다. 원조 수행 경험이 부족하다 보니 시행착오도 많이 겪었고, 직원들을 미국 AID나 일본국제협력단JICA에 연수 보내 선진 원조 기관의 노하우를 배워 오게 했다.

그 후로도 우리나라가 받던 원조는 계속돼 1995년에 와서야 끝났다. 세계은행이 지정하는 원조 대상국 명단에서 제외된 것이다. 1945년부터 그때까지 우리나라가 외국 정부와 국제기구로부터 받은 유무상 원조 금액을 모두 합치면 127억7천639만 달러(약 14조2천712억 원)에 이른다.

우리나라가 공식적으로 원조 공여국 대접을 받게 된 것은 2009년의 일이다. 경제협력개발기구OECD 개발원조회의DAC에 24번째이자 원조 수혜국으로는 첫 번째로 가입한 것이다. 개발원조의 날(11월 25일)은 DAC 가입을 기념해 제정됐다.

2018년 현재 KOICA 해외 사무소는 44개국 45개소에 이른다. 1991년 창립 당시 임직원은 264명이었는데 지금은 478명으로 1.8배 늘어났다. 예산은 무려 46배나 증가해, 첫해 174억 원에 불과하던 것이 2018년 8천억 원

••• KOICA 지원으로 새마을운동이 한창인 탄자니아 모로고로의 팡가웨이 마을

에 이르렀다.

2017년 DAC 실적 집계에 따르면 한국은 유무상 통틀어 22억 달러(약 2조 4천574억 원)를 원조해 29개 회원국 가운데 15위에 랭크됐다. 우리나라 국내총생산GDP 규모가 11위에 랭크된 것에 비하면 낮은 순위다.

국민총소득GNI 대비 OECD 평균 원조액은 0.31% 수준인데 우리나라는 0.14%에 그치고 있다. DAC는 2018년 초 이 통계를 발표하며, 2030년까지 0.3%를 달성할 수 있도록 이행 계획을 수립하라고 우리나라에 권고했다.

정부는 DAC 가입 당시 2015년까지 GNI 대비 0.2%를 달성하겠다고 천명했다가 약속을 지키지 못했다. 이후 2020년까지 0.2%, 2030년까지 0.3% 수준으로 올리겠다는 목표를 수정 제시한 상태다.

해외 봉사단 파견은 KOICA 설립 1년 전인 1990년에 시작됐다. 유네스코 한국위원회가 네팔 · 스리랑카 · 인도네시아 · 필리핀의 아시아 4개국에 44명을 파견한 것을 KOICA는 1기 해외 봉사단으로 부른다. 이듬해 KOICA가 설립돼 업무를 이관받아 7개국에 37명을 처음으로 파견했다. 기수로는 2015년에 100기를 돌파했고 2017년까지 누적 인원은 65개국 1만 3천여 명에 이른다. 2017년 현재 1천512명이 49개국에서 봉사를 펼치고 있다.

봉사단 규모는 미국에 이어 두 번째다. 2009년 월드프렌즈라는 통합 브랜드 아래 당시 외교통상부 · 행정안전부 · 교육과학기술부 · 지식경제부 · 문화관광부 5개 부처에서 파견하는 7개 봉사단을 합쳐서 KOICA가 운영하고 있다.

봉사단 종류도 일반봉사단을 비롯해 시니어봉사단, NGO봉사단,

KOICA-UNIV 대학생봉사단, 월드프렌즈 KOICA 국제개발 전문봉사단, 월드프렌즈 코디네이터, 코리아에이드 코디네이터, 새마을리더 해외봉사단, 드림봉사단, 글로벌 새마을청년 전문봉사단, 월드프렌즈 KOICA 자문단 등 10여 종에 이른다. 군 복무를 대신하는 국제협력요원 제도는 1999년에 시작했다가 2012년 스리랑카에서 낙뢰 사고로 국제협력요원이 숨지자 폐지했다.

ODA 사업은 병원과 학교 등을 지어주고 구호물자를 보내는 것에 그치지 않는다. 공장을 지어주면 운영할 인력이 필요하고, 저수지를 만들어줘도 관리 인력이 있어야 한다. 이를 위해 전문 인력을 파견하기도 하고 현지인을 우리나라로 초청해 연수도 시켜준다.

2017년까지 '한강의 기적'을 모국에 실현하겠다는 꿈을 품고 우리나라를 찾은 개도국 연수생은 모두 7만여 명에 이른다. 이들은 100% 친한파일 뿐 아니라 지역마다 동창 모임을 만들어 활동하고 있어, 이곳에 진출하는 한국 기업도 도움을 많이 받고 있다.

썬 잔르악그나와 빗저르나이 자매

• 모국 봉사에 나선 KOICA 다문화 청소년 단원 •

2016년 9월 12일 캄보디아의 수도 프놈펜에서 북동쪽으로 196㎞ 떨어진 캄보디아 제3의 도시 캄퐁참. 초등학생 390명과 중고등학생 365명이 다니는 악누왓학교는 매우 특별한 손님을 맞았다. 한국국제협력단KOICA이 인천한누리학교 중도입국 청소년 7명으로 구성해 파견한 '다문화 청소년 개발협력 단기봉사단'이 멀리서 찾아온 것이다.

KOICA 드림봉사단으로 이곳에 파견돼 컴퓨터 · 한국어 · 음악 · 미술 등을 가르치고 있는 전혜영 · 홍연수 씨의 진행에 따라 봉사단원들은 학생들과 어울려 색판 뒤집기, 줄다리기, 투호 등의 게임을 즐긴 뒤 손 씻기 위생교육을 실시하고 학용품을 전달했다. 흰 티셔츠에 태극기와 캄보디아 국기 등을 그려넣어 '나만의 티셔츠'를 만들기도 하고 노래 솜씨도 서로 선보였다.

다문화 청소년 봉사단원 가운데는 캄보디아 캄퐁톰에 살다가 중고자동차 수출중개업을 하는 부모를 따라 2015년 8월 한국으로 이주한 썬 잔르악그나(고3)와 빗저르나이(고1) 자매도 포함돼 있었다. 이들에게 모국 봉사에 참여한 소감을 들어보았다.

모국에 와서 KOICA 사업 현장을 둘러본 소감은.

어제 KOICA 캄보디아 사무소에서 정윤길 소장님께 전체적인 설명을 들었다. 내일은 프놈펜의 앙두엉 안과병원과 왕립프놈펜대의 한-캄협력센터CKCC를 견학할 예정이다. 한국이 캄보디아를 이렇게나 많이 도와주는 줄 처음 알았다. 무척 고맙고, 고향 친구들에게는 자랑거리가 또 하나 늘어난 셈이다. – 잔르악그나

모처럼 모국 친구들을 만나니 기분이 어떤가.

악누왓학교 친구들은 모두 오늘 처음 보는데도 오래된 친구를 만난 것처럼 반가웠다. 한국에서는 또래들과 캄보디아어로 대화할 일이 없어 답답했는데, 말이 잘 통하니 마음이 편했다. 이곳 친구들이 "한국에 사니까 좋겠다. 우리도 가고 싶다"고 하더라. 한국에서는 환경과 문화가 낯설고 말이 잘 통하지 않아 힘든 적도 많았는데, 우리를 부러워하는 친구가 많다는 사실을 새삼 깨닫고 불평하지 말아야겠다고 마음먹었다. – 빗저르나이

봉사에 참여하며 느낀 점은 무엇인가.

그동안 남을 도와본 적이 별로 없다가 오늘 행사에 참여해 고향 친구들을 돕고 이번 방문 일정 내내 통역도 맡았다. 나도 이웃이나 친구들을 얼마든지 도울 능력이 있다는 사실에 마음이 뿌듯했다. 앞으로도 KOICA 봉사단원 언니와 오빠들처럼 나눔을 실천하는 일에 힘쓰겠다. 나아가 한국과 캄보디아 두 나라에 기여하는 일을 할 수 있으면 좋겠다. – 잔르악그나

내가 누구를 돕기보다는 많이 배우는 소중한 기회가 됐다. 특히 러시아 · 몽골 · 중국 · 방글라데시 출신의 동료 단원들은 학교에서 얼굴만 알고 지내다가 이번에 속 깊

은 대화를 나눌 수 있었다. 나와 비슷한 고민을 안고 있다는 사실을 알고 든든한 마음이 들었고 위안이 됐다. – 빗저르나이

캄보디아에 살다가 한국으로 이주해 좋은 점과 나쁜 점은 무엇인가.

친하게 지내던 고향 친구들과 헤어진 것이 서운하다. 건물과 교통 등 환경은 한국이 훨씬 좋다. 특히 화장실이 깨끗해 마음에 든다. – 잔르악그나

좋아하는 가수나 탤런트는 누구인가.

방탄소년단이 최고다. – 빗저르나이

취미와 장래 희망을 말해달라.

취미는 사진 찍기다. 대학에서는 경영학을 전공하고 싶다. 공부가 지겨울 때도 많은데 여기 와보고 더 열심히 공부해야겠다고 다짐했다. – 잔르악그나

음악 듣는 시간이 가장 좋다. 의사가 되고 싶다. – 빗저르나이